CARTA ENCÍCLICA
REDEMPTORIS MISSIO
DO SUMO PONTÍFICE
JOÃO PAULO II
SOBRE
A VALIDADE PERMANENTE
DO MANDATO MISSIONÁRIO

9ª edição – 2008
3ª reimpressão – 2018

Nenhuma parte desta obra poderá ser reproduzida ou transmitida por qualquer forma e/ou quaisquer meios (eletrônico ou mecânico, incluindo fotocópia e gravação) ou arquivada em qualquer sistema ou banco de dados sem permissão escrita da Editora. Direitos reservados.

Paulinas
Rua Dona Inácia Uchoa, 62
04110-020 – São Paulo – SP (Brasil)
Tel.: (11) 2125-3500
http://www.paulinas.org.br – editora@paulinas.com.br
Telemarketing e SAC: 0800-7010081

© Pia Sociedade Filhas de São Paulo – São Paulo, 1991

*Veneráveis irmãos e caríssimos filhos
saudações e bênção apostólica!*

INTRODUÇÃO

1. A MISSÃO DE CRISTO REDENTOR, confiada à Igreja, está ainda bem longe do seu pleno cumprimento. No termo do segundo milênio, após a sua vinda, uma visão de conjunto da humanidade mostra que tal missão está ainda no começo, e que devemos empenhar-nos com todas as forças no seu serviço. É o Espírito que impele a anunciar as grandes obras de Deus! "Porque, se anuncio o Evangelho, não tenho de que me gloriar, pois que me foi imposta esta obrigação: ai de mim se não evangelizar!" (*1Cor* 9,16).

Em nome de toda a Igreja, sinto o dever imperioso de repetir este grito de São Paulo. Desde o início do meu pontificado, decidi caminhar até aos confins da Terra para manifestar esta solicitude missionária, e este contato direto com os povos, que ignoram Cristo, convenceu-me ainda mais da *urgência de tal atividade* a que dedico a presente encíclica.

O Concílio Vaticano II pretendeu renovar a vida e a atividade da Igreja, de acordo com as necessidades do mundo contemporâneo: assim sublinhou o seu caráter missionário, fundamentando-o, dinamicamente, na própria missão trinitária. O impulso missionário pertence, pois, à natureza íntima da vida cristã, e inspira também o ecumenismo: "que todos sejam um (...) para que o mundo creia que tu me enviaste" (*Jo* 17,21).

2. Já são muitos os frutos missionários do Concílio: multiplicaram-se as Igrejas locais, dotadas do seu bispo, clero e agentes apostólicos próprios; verifica-se uma inserção mais profunda das Comunidades cristãs na vida dos povos; a comunhão entre as Igrejas contribui para um vivo intercâmbio de bens e dons espirituais; o empenho dos leigos no serviço da evangelização está mudando a vida eclesial; as Igrejas particulares abrem-se ao encontro, ao diálogo e à colaboração com os membros de outras Igrejas cristãs e outras religiões. Sobretudo está se afirmando uma nova consciência, isto é, a de que *a missão compete a todos os cristãos,* a todas as dioceses e paróquias, instituições e associações eclesiais.

No entanto, nesta "nova primavera" do cristianismo, não podemos ocultar uma tendência negativa, que, aliás, este documento quer ajudar a superar: a missão específica *ad gentes* parece estar numa fase de afrouxamento, contra todas as indicações do Concílio e do Magistério posterior. Dificuldades internas e externas enfraqueceram o dinamismo missionário da Igreja ao serviço dos não-cristãos: isto é um fato que deve preocupar todos os que crêem em Cristo. Na História da Igreja, com efeito, o impulso missionário sempre foi um sinal de vitalidade, assim como a sua diminuição constitui um sinal de crise de fé.[1]

---

1 Cf. PAULO VI, Mensagem para o Dia Mundial das Missões/1972, *Insegnamenti* X (1972) 522: "Estas tensões internas, que debilitam e laceram algumas Igrejas e instituições locais, desapareceriam frente à firme convicção

À distância de 25 anos da conclusão do Concílio e da publicação do Decreto sobre a atividade missionária *Ad gentes,* a 15 anos da Exortação apostólica *Evangelii Nuntiandi* de Paulo VI, de veneranda memória, desejo convidar a Igreja a um *renovado empenho missionário,* dando, neste assunto, continuação ao Magistério dos meus predecessores.[2] O presente documento tem uma finalidade interna: a renovação da fé e da vida cristã. De fato, a missão renova a Igreja, revigora a sua fé e identidade, dá-lhe novo entusiasmo e novas motivações. *É dando a fé que ela se fortalece!* A nova evangelização dos povos cristãos também encontrará inspiração e apoio, no empenho pela missão universal.

Mas o que me anima mais a proclamar a urgência da evangelização missionária é que ela constitui o primeiro serviço que a Igreja pode prestar ao homem e à humanidade inteira, no mundo de hoje, que, apesar de conhecer realizações maravilhosas, parece ter perdido o sentido último das coisas e da sua própria existência. "Cristo Redentor — como deixei escrito na primeira encíclica — revela plenamente o homem a si próprio. O homem que quiser compreender-se profundamente (...) deve aproximar-se de Cristo (...) A Redenção, operada

de que a salvação das comunidades locais se conquista pela cooperação na obra missionária, a fim de que esta se estenda até aos confins da Terra".

2 Cf. BENTO XV, Epist. ap. *Maximum illud* (30/XI/1919): *AAS* 11 (1919) 440-455; PIO XI, Carta Enc. *Rerum Ecclesiae* (28/II/1926): *AAS* 18 (1926) 65-83; PIO XII, Carta Enc. *Evangelii Praecones* (2/VI/1951): *AAS* 43 (1951) 497-528; Carta Enc. *Fidei Donum* (21/IV/1957): *AAS* 49 (1957), 225-248; JOÃO XXIII, Carta Enc. *Princeps Pastorum* (28/XI/1959): *AAS* 51 (1959) 833-864.

na cruz, restituiu, definitivamente, ao homem a dignidade e o sentido de sua existência no mundo."[3]

Não faltam, certamente, outros motivos e finalidades: corresponder a inúmeros pedidos de um documento deste gênero; dissipar dúvidas e ambigüidades sobre a missão *ad gentes*, confirmando, em seu compromisso, os beneméritos homens e mulheres que se dedicam à atividade missionária e todos os que ajudam; promover as vocações missionárias; estimular os teólogos a aprofundar e expor, sistematicamente, os vários aspectos da missão; relançar a missão, em sentido específico, comprometendo as Igrejas particulares, especialmente as de recente formação, a mandarem e a receberem missionários; garantir aos não-cristãos, e particularmente às autoridades dos países aos quais se dirige a atividade missionária, que esta só tem uma finalidade, ou seja, servir o homem, revelando-lhe o amor de Deus manifestado em Cristo Jesus.

3. *Povos todos, abrí as portas a Cristo!* Seu Evangelho não tira nada à liberdade do homem, ao devido respeito pelas culturas, a tudo quanto de bom possui cada religião. Acolhendo Cristo, abri-vos à Palavra definitiva de Deus, àquele no qual Deus se deu a conhecer plenamente e nos indicou o caminho para chegar a ele.

O número daqueles que ignoram Cristo, e não fazem parte da Igreja, está em contínuo aumento; mais ainda: quase duplicou, desde o final do Concílio. A fa-

---

3 Carta Enc. *Redemptor Hominis* (4/III/1979), 10: *AAS* 71 (1979) 274 s.

vor desta imensa humanidade, amada pelo Pai a ponto de lhe enviar o seu Filho, é evidente a urgência da missão.

Por outro lado, a época que vivemos oferece, neste campo, novas oportunidades à Igreja: a queda de ideologias e sistemas políticos opressivos; o aparecimento de um mundo mais unido, graças ao incremento das comunicações; a afirmação, cada vez mais freqüente entre os povos, daqueles valores evangélicos que Jesus encarnou em sua vida: paz, justiça, fraternidade, dedicação aos mais pequenos; um tipo de desenvolvimento econômico e técnico sem alma, que, em contrapartida, está criando a necessidade da verdade sobre Deus, o homem e o significado da vida.

Deus abre à Igreja os horizontes de uma humanidade mais preparada para a sementeira evangélica. Sinto chegado o momento de empenhar todas as forças eclesiais na nova evangelização e na missão *ad gentes*. Nenhum crente, nenhuma instituição da Igreja pode esquivar-se deste dever supremo: anunciar Cristo a todos os povos.

CAPÍTULO I

JESUS CRISTO, ÚNICO SALVADOR

4. "A tarefa fundamental da Igreja de todos os tempos e, particularmente, do nosso — como lembrei em minha primeira encíclica programática — é a de dirigir o olhar do homem e orientar a consciência e experiência da humanidade inteira para o mistério de Cristo."[4]

A missão universal da Igreja nasce da fé em Jesus Cristo, como se declara no Credo: "Creio em um só Senhor, Jesus Cristo, Filho Unigênito de Deus, nascido do Pai antes de todos os séculos (...) E por nós homens, e para nossa salvação, desceu dos céus. E se encarnou, pelo Espírito Santo, no seio da Virgem Maria, e se fez homem".[5] No acontecimento da Redenção está a salvação de todos, "porque todos e cada um foram compreendidos no mistério da Redenção, e a todos e cada um se uniu Cristo para sempre, através deste mistério":[6] somente na fé, se fundamenta e se compreende a missão.

No entanto, devido às mudanças dos tempos modernos e à difusão de novas idéias teológicas, alguns interrogam-se: *ainda é atual a missão entre os não-cristãos?* Não estará, por acaso, substituída pelo diálogo

---

4 *Ibid.*, 10: *l.c.*, 275.
5 Credo niceno-constantinopolitano: *DzS* 150.
6 Carta Enc. *Redemptor Hominis*, 13: *l.c.*, 283.

inter-religioso? Não se deverá restringir ao empenho pela promoção humana? O respeito pela consciência e pela liberdade não exclui qualquer proposta de conversão? Não é possível salvar-se, em qualquer religião? *Para quê, pois, a missão?*

"NINGUÉM VAI AO PAI, SENÃO POR MIM" (*Jo* 14, 6)

5. Remontando às origens da Igreja, aparece clara a afirmação de que Cristo é o único salvador de todos, o único capaz de revelar e de conduzir a Deus. Às autoridades religiosas judaicas, que interrogam os apóstolos sobre a cura do aleijado, realizada por Pedro, este responde: "É em nome de Jesus Nazareno, que vós crucificastes e Deus ressuscitou dos mortos; é por ele que este homem se apresenta curado diante de vós (...) E não há salvação em nenhum outro, pois não há debaixo do céu qualquer outro nome dado aos homens que nos possa salvar" (*At 4,10.12*). Esta afirmação, dirigida ao Sinédrio, tem um valor universal, já que, para todos — judeus e gentios — a salvação só pode vir de Jesus Cristo.

A universalidade desta salvação em Cristo é afirmada em todo o Novo Testamento. São Paulo reconhece, em Cristo ressuscitado, o Senhor: "Porque, ainda que haja alguns que são chamados deuses, quer no céu quer na Terra, existindo, assim, muitos deuses e muitos senhores, para nós há apenas um único Deus, o Pai de quem tudo procede e para quem nós existimos; e um único

Senhor, Jesus Cristo, por meio do qual todas as coisas existem, e igualmente nós existimos também" (*1Cor 8,5-6*). O único Deus e o único Senhor são afirmados, em contraste com a multidão de "deuses" e de "senhores" que o povo admitia. Paulo reage contra o politeísmo do ambiente religioso de seu tempo, pondo em relevo a característica da fé cristã: crença num só Deus e num só Senhor, por aquele enviado.

No Evangelho de São João, esta universalidade salvífica de Cristo compreende os aspectos da sua missão de graça, de verdade e de revelação: "o Verbo é a Luz verdadeira que ilumina a todo o homem" (*Jo 1,9*). E ainda: "ninguém jamais viu Deus: o Filho único, que está no seio do Pai, é que o deu a conhecer" (*Jo 1,18;* cf. *Mt 11,27*). A revelação de Deus tornou-se definitiva e completa, na obra do seu Filho Unigênito: "Tendo Deus falado, outrora, aos nossos pais, muitas vezes e de muitas maneiras, pelos profetas, agora falou-nos, nestes últimos tempos, pelo Filho, a quem constituiu herdeiro de tudo, e por quem igualmente criou o mundo" (*Hb 1,1-2;* cf. *Jo 14,6*). Nesta Palavra definitiva de sua revelação, Deus deu-se a conhecer de modo mais pleno: ele disse à humanidade quem é. E esta auto-revelação definitiva de Deus é o motivo fundamental pelo qual a Igreja é, por sua natureza, missionária. Não pode deixar de proclamar o Evangelho, ou seja, a plenitude da verdade que Deus nos deu a conhecer de si mesmo.

Cristo é o único mediador entre Deus e os homens: "há um só Deus e um só mediador entre Deus e os homens, Jesus Cristo Homem, que se deu em resgate por todos. Tal é o testemunho que foi dado, no tempo devido, e do qual eu fui constituído pregador, apóstolo e mestre dos gentios na fé e na verdade. Digo a verdade, não minto" (*1Tm 2,5-7; cf. Hb 4,14-16*). Os homens, portanto, só poderão entrar em comunhão com Deus por meio de Cristo, e sob a ação do Espírito. Esta sua mediação única e universal, longe de ser obstáculo no caminho para Deus, é a via estabelecida pelo próprio Deus, e disso, Cristo tem plena consciência. Se não se excluem mediações participadas de diverso tipo e ordem, todavia elas recebem significado e valor *unicamente* da de Cristo, e não podem ser entendidas como paralelas ou complementares desta.

6. É contrário à fé cristã introduzir qualquer separação entre o Verbo divino e Jesus Cristo. São João afirma, claramente, que o Verbo, que "no princípio estava com Deus", é o mesmo que "se fez carne" (*Jo 1,2.14*). Jesus é o Verbo encarnado, pessoa una e indivisa: não se pode separar Jesus, de Cristo, nem falar de um "Jesus da História" que seria diferente do "Cristo da fé". A Igreja conhece e confessa Jesus como, Cristo, o Filho de Deus vivo" (*Mt 16,16*): Cristo não é diferente de Jesus de Nazaré; e este é o Verbo de Deus feito homem, para a salvação de todos. Em Cristo, "habita corporalmente toda a plenitude da divindade" (*Cl 2,9*) e "da sua plenitude todos nós recebemos" (*Jo 1,16*). O "Filho Unigênito, que está no seio do Pai" (*Jo 1,18*), é "o Filho muito amado, no qual temos a redenção e a remissão dos pecados (...) Aprouve a Deus que nele residisse toda a plenitude, e por ele fossem reconciliadas consigo todas as

coisas, pacificando, pelo sangue de sua cruz, tanto as criaturas da Terra como as do céu" (*Cl* 1,13-14.19-20). Precisamente esta singularidade única de Cristo é que lhe confere um significado absoluto e universal, pelo qual, enquanto está na História, é o centro e o fim desta mesma História:[7] "Eu sou o Alfa e o Ômega, o Primeiro e o Último, o Princípio e o Fim" (*Ap* 22,13).

Se é lícito e útil, portanto, considerar o mistério de Cristo sob os seus vários aspectos, nunca se deve perder de vista a sua unidade. À medida que formos descobrindo e valorizando os diversos tipos de dons, e sobretudo as riquezas espirituais que Deus distribuiu a cada povo, não podemos separá-los de Jesus Cristo, o qual está no centro da economia salvadora. De fato, como "pela Encarnação, o Filho de Deus uniu-se de alguma forma, a todo o homem", assim "devemos acreditar que o Espírito Santo oferece a todos, de um modo que só Deus conhece, a possibilidade de serem associados ao mistério pascal".[8] O plano divino é "recapitular em Cristo todas as coisas que há no céu e na Terra" (*Ef* 1,10).

7 Cf. CONC. ECUM. VAT. II, Const. past. sobre a Igreja no mundo contemporâneo *Gaudium et Spes,* 2.

8 *Ibid.,* 22.

A FÉ EM CRISTO É UMA PROPOSTA À LIBERDADE DO HOMEM

7. A urgência da atividade missionária deriva da *radical novidade de vida,* trazida por Cristo e vivida pelos seus discípulos. Esta nova vida é dom de Deus, e, ao homem pede-se que a acolha e desenvolva, se quiser realizar integralmente sua vocação, conformando-se a Cristo. Todo o Novo Testamento se apresenta como um hino à vida nova, para aquele que crê em Cristo e vive na sua Igreja. A salvação em Cristo, testemunhada e anunciada pela Igreja é autocomunicação de Deus. "O amor não só cria o bem, mas faz participar também na própria vida de Deus: Pai, Filho e Espírito Santo. Com efeito, aquele que ama, quer dar-se a si mesmo."[9]

Deus oferece ao homem ésta novidade de vida. "Poder-se-á rejeitar Cristo e tudo aquilo que Ele introduziu na história do homem? Certamente que sim; o homem é livre: ele pode dizer não, a Deus. O homem pode dizer não a Cristo. Mas permanece a pergunta fundamental: é lícito fazê-lo? É lícito, em nome de quê?"[10]

8. No mundo moderno, tende-se a reduzir o homem unicamente à dimensão horizontal. Mas o que acontece ao homem que não se abre ao Absoluto? A resposta está na experiência de cada homem, mas está também inscri-

---

9 Carta Enc. *Dives in Misericordia* (30/XI/1980), 7: *AAS* 72 (1980) 1202.

10 Homilia da celebração eucarística em Cracóvia, 10 de junho de 1979: *AAS* 71 (1979) 873.

ta na história da humanidade, com o sangue derramado em nome de ideologias e regimes políticos que quiseram construir uma "humanidade nova" sem Deus.[11]

De resto, a quantos se mostram preocupados em salvar a liberdade de consciência, o Concílio Vaticano II responde: "a pessoa humana tem direito à liberdade religiosa (...) Todos os homens devem viver imunes de coação, em matéria religiosa, quer da parte de pessoas particulares, quer de grupos sociais ou de qualquer poder humano, de tal forma que ninguém seja obrigado a agir contra a sua consciência, nem impedido de atuar de acordo com ela, privada ou publicamente, só ou associado".[12]

O anúncio e o testemunho de Cristo, quando feitos no respeito das consciências, não violam a liberdade. A fé exige a livre adesão do homem, mas tem de ser proposta, já que "as multidões têm o direito de conhecer as riquezas do mistério de Cristo, nas quais toda a humanidade — assim acreditamos — pode encontrar, numa plenitude inimaginável, tudo aquilo que procura, às apalpadelas, a respeito de Deus, do homem, do seu destino, da vida e da morte, da verdade (...) É por isso que a Igreja conserva bem vivo seu espírito missionário, desejando até que ele se intensifique, neste momento histórico que nos foi dado viver".[13] No entanto, é necessário

---

11 Cf. JOÃO XXIII, Carta Enc. *Mater et Magistra* (15/V/1961), IV: *AAS* 53 (1961) 451-453.

12 Declaração sobre a liberdade religiosa *Dignitatis Humanae*, 2.

13 PAULO VI, Exort. Ap. *Evangelii Nuntiandi* (8/XII/1975), 53: *AAS* 68 (1976) 42.

acrescentar, citando ainda o Concílio, que "todos os homens, pela sua própria dignidade, já que são pessoas, isto é, seres dotados de razão e vontade livre, e, conseqüentemente, de responsabilidade pessoal, são impelidos por sua natureza, e moralmente obrigados a procurar a verdade, e, antes de tudo, a que se refere à religião. Têm, também, obrigação de aderir à verdade conhecida, e ordenar toda a sua vida segundo as exigências da verdade".[14]

A IGREJA, SINAL E INSTRUMENTO DE SALVAÇÃO

9. . A primeira beneficiária da salvação é a Igreja: Cristo adquiriu-a com o seu sangue (cf. *At* 20,28) e tornou-a sua cooperadora na obra da salvação universal. Com efeito, Cristo vive nela, é seu Esposo, realiza seu crescimento, e cumpre a sua missão, através dela.

O Concílio deu grande realce ao papel da Igreja, em favor da salvação da humanidade. Enquanto reconhece que Deus ama todos os homens e lhes dá a possibilidade de se salvarem (cf. *1Tm* 2,4),[15] a Igreja professa que Deus constituiu Cristo como único mediador e que ela própria foi posta como instrumento universal de salvação.[16] "Todos os homens, pois, são chamados a esta

---

14 Declaração sobre a liberdade religiosa *Dignitatis Humanae*, 2.

15 Cf. Const. dogm. sobre a Igreja *Lumen Gentium*, 14-17; Decreto sobre a atividade missionária da Igreja *Ad Gentes*, 3.

16 Cf. Const. dogm. sobre a Igreja *Lumen Gentium*, 48; Const. past. sobre a Igreja no mundo contemporâneo *Gaudium et Spes*, 43; Decreto sobre a atividade missionária da Igreja *Ad Gentes*, 7. 21.

católica unidade do Povo de Deus (...) à qual, de diversos modos, pertencem ou estão ordenados, quer os fiéis católicos, quer os outros crentes em Cristo, quer universalmente todos os homens chamados à salvação pela graça de Deus."[17] É necessário manter unidas estas duas verdades: a real possibilidade de salvação em Cristo para todos os homens, e a necessidade da Igreja para essa salvação. Ambas facilitam a compreensão do *único mistério salvífico*, permitindo experimentar a misericórdia de Deus e a nossa responsabilidade. A salvação, que é sempre um dom do Espírito, exige a colaboração do homem, para se salvar tanto a si próprio como aos outros. Assim o quis Deus, e, por isso, estabeleceu e comprometeu a Igreja no plano da salvação. "Este povo messiânico — diz o Concílio — estabelecido por Cristo como uma comunhão de vida, amor e verdade, serve também, nas mãos dele, de instrumento da redenção universal, sendo enviado a todo o mundo, como luz desse mundo e sal da Terra."[18]

A SALVAÇÃO É OFERECIDA
A TODOS OS HOMENS

10. A universalidade da salvação em Cristo não significa que ela se destina apenas àqueles que, de maneira explícita, crêem em Cristo e entraram na Igreja. Se é destinada a todos, a salvação deve ser posta concreta-

---

17 Const. dogm. sobre a Igreja *Lumen Gentium,* 13.
18 *Ibid.,* 9.

mente à disposição de todos. É evidente, porém, que, hoje como no passado, muitos homens não têm a possibilidade de conhecer ou aceitar a revelação do Evangelho e de entrar na Igreja. Vivem em condições socioculturais que o não permitem, e freqüentemente foram educados noutras tradições religiosas. Para eles, a salvação de Cristo torna-se acessível, em virtude de uma graça que, embora dotada de uma misteriosa relação com a Igreja, todavia não os introduz formalmente nela, mas ilumina convenientemente sua situação interior e ambiental. Esta graça provém de Cristo, é fruto do seu sacrifício e é comunicada pelo Espírito Santo: ela permite a cada um alcançar a salvação, com a sua livre colaboração.

Por isso, o Concílio, após afirmar a dimensão central do Mistério pascal, diz: "isto não vale apenas para aqueles que crêem em Cristo, mas para todos os homens de boa vontade, no coração dos quais opera invisivelmente a graça. Na verdade, se Cristo morreu por todos e a vocação última do homem é realmente uma só, isto é, a divina, nós devemos acreditar que o Espírito Santo oferece a todos, do modo que só Deus conhece, a possibilidade de serem associados ao Mistério pascal".[19]

---

19 Const. past. sobre a Igreja no mundo contemporâneo *Gaudium et Spes*, 22.

"NÃO PODEMOS CALAR-NOS" (At 4,20)

11. Que dizer, então, das objeções, anteriormente citadas, relativamente à missão *ad gentes?* Respeitando todas as crenças e todas as sensibilidades, devemos afirmar, antes de mais nada, com simplicidade, a nossa fé em Cristo, único salvador do homem — fé que recebemos como um dom do Alto, sem mérito algum de nossa parte. Dizemos com São Paulo: "eu não me envergonho do Evangelho, o qual é poder de Deus para salvação de todo o crente" (*Rm* 1,16). Os mártires cristãos de todos os tempos — também do nosso — deram e continuam a dar a vida para testemunhar aos homens esta fé, convencidos de que cada homem necessita de Jesus Cristo, o qual, destruindo o pecado e a morte, reconciliou os homens com Deus.

Cristo proclamou-se Filho de Deus, intimamente unido ao Pai e, como tal, foi reconhecido pelos discípulos, confirmando suas palavras com milagres e, sobretudo, com a ressurreição. A Igreja oferece aos homens o Evangelho, documento profético, capaz de corresponder às exigências e aspirações do coração humano: é e será sempre a "Boa-Nova". A Igreja não pode deixar de proclamar que Jesus veio revelar a face de Deus, e merecer, pela cruz e ressurreição, a salvação para todos os homens.

À pergunta *por que a missão?*, respondemos, com a fé e a experiência da Igreja, que abrir-se ao amor de Cristo é a verdadeira libertação. Nele, e só nele, somos libertados de toda a alienação e extravio, da escravidão ao poder do pecado e da morte. Cristo é verdadeiramente "a nossa paz" (*Ef* 2,14), e "o amor de Cristo nos impele" (*2Cor* 5,14), dando sentido e alegria à nossa vida. *A missão é um problema de fé;* é a medida exata de nossa fé em Cristo e no seu amor por nós.

A tentação, hoje, é reduzir o cristianismo a uma sabedoria meramente humana, como se fosse a ciência do bom viver. Num mundo fortemente secularizado, surgiu uma "gradual secularização da salvação", onde se procura lutar, sem dúvida, pelo homem, mas por um homem dividido, reduzido unicamente à dimensão horizontal. Ora, sabemos que Jesus veio trazer a salvação integral, que abrange o homem todo e todos os homens, abrindo-lhes os horizontes admiráveis da filiação divina.

Por quê a missão? Porque para nós, como para São Paulo, "nos foi dada esta graça de anunciar aos gentios a insondável riqueza de Cristo" (*Ef* 3,8). A novidade de vida nele é "Boa-Nova" para o homem de todos os tempos: a ela todos são chamados e destinados. Todos, de fato, buscam-na, mesmo se, às vezes, confusamente, e têm o direito de conhecer o valor de tal dom e aproximar-se dele. A Igreja, e nela cada cristão, não pode esconder nem guardar para si esta novidade e riqueza, recebida da bondade divina para ser comunicada a todos os homens.

Eis porque a missão, para além do mandato formal do Senhor, deriva ainda da profunda exigência da vida de Deus em nós. Aqueles que estão incorporados na Igreja Católica devem sentir-se privilegiados, e, por isso mesmo, mais comprometidos a *testemunhar a fé e a vida cristã* como serviço aos irmãos e resposta devida a Deus, lembrados de que "a grandeza de sua condição não se deve atribuir aos próprios méritos, mas a uma graça especial de Cristo; se não correspondem a essa graça por pensamentos, palavras e obras, em vez de se salvarem, incorrem num julgamento ainda mais severo".[20]

20 CONC. ECUM. VAT. II, Const. dogm. sobre a Igreja *Lumen Gentium*, 14.

CAPÍTULO II

O REINO DE DEUS

12. "Deus, rico em misericórdia, é aquele que Jesus Cristo nos revelou como Pai. Foi seu próprio Filho quem, em si mesmo, no-lo manifestou e deu a conhecer".[21] Isto eu escrevi, no início da Encíclica *Dives in Misericordia,* mostrando como Cristo é a revelação e a encarnação da misericórdia do Pai. A salvação consiste em crer e acolher o mistério do Pai e de seu amor, que se manifesta e oferece em Jesus, por meio do Espírito. Assim se cumpre o Reino de Deus, preparado já no Antigo Testamento, realizado por Cristo e em Cristo, anunciado a todos os povos pela Igreja que atua e reza para que ele se realize, de modo perfeito e definitivo.

Na verdade, o Antigo Testamento atesta que Deus escolheu para si e formou um povo, para revelar e cumprir seu plano de amor. Mas, ao mesmo tempo, Deus é criador e Pai de todos os homens, atende às necessidades de cada um, estende sua bênção a todos (cf. *Gn* 12,3) e com todos selou uma aliança (cf. *Gn* 9,1-17). Israel faz a experiência de um Deus pessoal e salvador (cf. *Dt* 4,37; 7,6-8; *Is* 43,1-7), do qual se torna testemunha e porta-voz, no meio das nações. Ao longo de sua

---

21 Carta Enc. *Dives in Misericordia,* 1: *l.c.,* 1177.

história Israel toma consciência de que sua eleição tem um significado universal (cf. por ex.: *Is* 2,2-5; 25,6-8; 60,1-6; *Jr* 3,17; 16,19).

CRISTO TORNA PRESENTE O REINO

13. Jesus de Nazaré levou o plano de Deus ao seu pleno cumprimento. Depois de ter recebido o Espírito Santo no batismo, ele manifesta sua vocação messiânica nestes moldes: percorre a Galiléia, "pregando a Boa-Nova de Deus: 'Completou-se o tempo, o Reino de Deus está perto! Arrependei-vos, e acreditai na Boa-Nova'" (*Mc* 1,14-15; cf. *Mt* 4,17; *Lc* 4,43). A proclamação e a instauração do Reino de Deus são o objetivo de sua missão: "pois foi para isso que fui enviado" (*Lc* 4,43). Mais ainda: o próprio Jesus é a "Boa-Nova", como afirma, logo no início da missão, na sinagoga de sua terra natal, aplicando a si próprio as palavras de Isaías, sobre o Ungido, enviado pelo Espírito do Senhor (cf. *Lc* 4,14-21). Sendo ele a "Boa-Nova", então em Cristo há identidade entre mensagem e mensageiro, entre o dizer, o fazer e o ser. A força e o segredo da eficácia de sua ação está na total identificação com a mensagem que anuncia: proclama a "Boa-Nova" não só por aquilo que diz ou faz, mas também pelo que é.

O ministério de Jesus é descrito no contexto das viagens em sua terra. O horizonte da missão, antes da Páscoa, concentra-se em Israel; no entanto, Jesus oferece um novo elemento de importância capital. A realidade escatológica não fica adiada para um remoto fim do mundo, mas está próxima e começa já a cumprir-se. O Reino de Deus aproxima-se (cf. *Mc* 1,15), roga-se que venha (*Mt* 6,10), a fé já o descobre operante nos sinais, isto é, nos milagres (cf. *Mt* 11,4-5), nos exorcismos (cf. *Mt* 12,25-28), na escolha dos Doze (cf. *Mc* 3,13-19), no anúncio da Boa-Nova aos pobres (cf. *Lc* 4,18). Nos encontros de Jesus com os pagãos, fica claro que o acesso ao Reino se faz pela fé e conversão (cf. *Mc* 1,15), e não por mera proveniência étnica.

O Reino, inaugurado por Jesus, é o Reino de Deus: o próprio Jesus revela quem é este Deus, para o qual usa a expressão familiar "Abba", Pai *(Mc* 14,36). Deus, revelado especialmente nas parábolas (cf. *Lc* 15,3-32; *Mt* 20,1-16), é sensível às necessidades e aos sofrimentos do homem: um pai cheio de amor e compaixão, que perdoa e dá gratuitamente os benefícios que lhe pedem.

São João diz-nos que "Deus é amor" *(1Jo* 4,8.16). Todo o homem, por isso, é convidado a "converter-se" e a "crer" no amor misericordioso de Deus por ele: o Reino crescerá na medida em que cada homem aprender a dirigir-se a Deus, na intimidade da oração, como a um Pai (cf. *Lc* 11,2; *Mt* 23,9), e se esforçar por cumprir sua vontade (cf. *Mt* 7,21).

CARACTERÍSTICAS E EXIGÊNCIAS DO REINO

14. Jesus revela progressivamente as características e as exigências do Reino, por meio de suas palavras, suas obras e sua pessoa.

O Reino de Deus destina-se a todos os homens, pois todos foram chamados a pertencer-lhe. Para sublinhar este aspecto, Jesus aproximou-se sobretudo daqueles que eram marginalizados pela sociedade, dando-lhes preferência, ao anunciar a Boa-Nova. No início do seu ministério, proclama: fui enviado a anunciar a Boa-Nova aos pobres (cf. *Lc* 4,18). Às vítimas da rejeição e do desprezo, declara: "bem-aventurados vós, os pobres" *(Lc* 6,20), fazendo-lhes, inclusive, sentir e viver, já, uma experiência de libertação, estando com eles, partilhando a mesma mesa (cf. *Lc* 5,30; 15,2), tratando-os como iguais e amigos (cf. *Lc* 7,34), procurando que se sentissem amados por Deus, e revelando, deste modo, imensa ternura pelos necessitados e pecadores (cf. *Lc* 15,1-32).

A libertação e a salvação, oferecidas pelo Reino de Deus, atingem a pessoa humana tanto em suas dimensões físicas como espirituais. Dois gestos caracterizam a missão de Jesus: curar e perdoar. As múltiplas curas provam sua grande compaixão diante das misérias humanas; mas significam, também, que, no Reino de Deus, não haverá doenças nem sofrimentos, e que sua missão, desde o início, visa libertar as pessoas desses males. Na perspectiva de Jesus, as curas são também sinal da salvação espiritual, isto é, da libertação do pecado. Realizando gestos de cura, Jesus convida à fé, à conversão, ao desejo do perdão (cf. *Lc* 5,24). Recebida a fé, a cura impele a ir mais longe: introduz na salvação (cf. *Lc* 18,42-43). Os gestos de libertação da possessão do demônio, mal supremo e símbolo do pecado e da rebelião contra Deus, são sinais de que o "Reino de Deus chegou até vós" (*Mt* 12,28).

15. O Reino pretende transformar as relações entre os homens, e realiza-se, progressivamente, à medida que estes aprendem a amar, perdoar, a ajudar-se mutuamente. Jesus retoma toda a Lei, centrando-a no mandamento do amor (cf. *Mt* 22,34-40; *Lc* 10,25-28). Antes de deixar os seus, dá-lhes um "mandamento novo": "amai-vos uns aos outros como eu vos amei" (*Jo* 13,34; cf. 15,12). O amor com que Jesus amou o mundo tem sua expressão suprema, no dom de sua vida pelos homens (cf. *Jo* 15,13), que manifesta o amor que o Pai tem pelo mundo (cf. *Jo* 3,16). Por isso, a natureza do Reino é a comunhão de todos os seres humanos entre si e com Deus.

O Reino diz respeito a todos: às pessoas, à sociedade, ao mundo inteiro. Trabalhar pelo Reino significa reconhecer e favorecer o dinamismo divino, que está presente na história humana e a transforma. Construir o Reino quer dizer trabalhar para a libertação do mal, sob todas as suas formas. Em resumo, o Reino de Deus é a manifestação e a atuação de seu desígnio de salvação, em toda a sua plenitude.

EM CRISTO RESSUSCITADO,
O REINO CUMPRE-SE E É PROCLAMADO

16. Ao ressuscitar Jesus dos mortos, Deus venceu a morte, e nele inaugurou, definitivamente, o seu Reino. Durante a vida terrena, Jesus é o profeta do Reino e, depois de sua paixão, ressurreição e ascensão aos céus, participa do poder de Deus, e de seu domínio sobre o mundo (cf. *Mt* 28,18; *At* 2,36; *Ef* 1,18-21). A ressurreição confere, à mensagem de Cristo e a toda a sua ação e missão, um alcance universal. Os discípulos constatam que o Reino já está presente na pessoa de Jesus, e pouco a pouco vai se instaurando, no homem e no mundo, por uma misteriosa ligação com a sua pessoa. Assim, depois da ressurreição, eles pregam o Reino, anunciando a morte e a ressurreição de Jesus. Filipe, na Samaria, "anunciava a Boa-Nova do Reino de Deus e do nome de Jesus Cristo" *(At* 8,12). Paulo, em Roma, "anunciava o Reino de Deus e ensinava o que diz respeito ao Senhor Jesus Cristo" *(At* 28,31). Também os primeiros cristãos anunciam "o Reino de Cristo e de Deus" *(Ef* 5,5; cf. *Ap* 11,15; 12,10), ou então, "o Reino eterno de Nosso Senhor e Salvador, Jesus Cristo" *(2Pd* 1,11). Sobre o anúncio de Jesus Cristo, com o qual o Reino se identifica, se concentra a pregação da Igreja primitiva. Como outrora, é preciso unir, hoje, o *anúncio do Reino de Deus* (o conteúdo do "kerigma" de Jesus) e a *proclamação da vinda de Jesus Cristo* (o "kerigma" dos apóstolos). Os dois anúncios completam-se e iluminam-se mutuamente.

O REINO, EM RELAÇÃO A CRISTO E À IGREJA

17. Hoje, fala-se muito do Reino, mas nem sempre em consonância com o sentir da Igreja. De fato, existem concepções de salvação e missão que podem ser chamadas "antropocêntricas", no sentido redutivo da palavra, por se concentrarem nas necessidades terrenas do homem. Nesta perspectiva, o Reino passa a ser uma realidade totalmente humanizada e secularizada, onde o que conta são os programas e as lutas para a libertação sócio-econômica, política e cultural, mas sempre num horizonte fechado ao transcendente. Sem negar que, neste nível, também existem valores a promover, todavia estas concepções permanecem nos limites de um reino do homem, truncado em suas mais autênticas e profundas dimensões, espelhando-se facilmente numa das ideologias de progresso puramente terreno. O Reino de Deus, pelo contrário, "não é deste mundo (...), não é daqui debaixo" (*Jo* 18,36).

Existem, também, concepções que propositadamente colocam o acento no Reino, autodenominando-se de "reino-cêntricas", pretendendo, com isso, fazer ressaltar a imagem de uma Igreja que não pensa em si, mas dedica-se totalmente a testemunhar e servir o Reino. É uma "Igreja para os outros" — dizem — como Cristo é o homem para os outros. A tarefa da Igreja é orientada num duplo sentido: por um lado, promover os denominados "valores do Reino", como: a paz, a justiça, a liberdade, a fraternidade; por outro, favorecer o diálogo entre os povos, as culturas, as religiões, para que, num mútuo enriquecimento, ajudem o mundo a renovar-se e a caminhar cada vez mais na direção do Reino.

Ao lado de aspectos positivos, essas concepções revelam, freqüentemente, outros negativos. Antes de mais nada, silenciam o que se refere a Cristo: o Reino, de que falam, baseia-se num "teocentrismo", porque — como dizem — Cristo não pode ser entendido por quem não possui a fé nele, enquanto que povos, culturas e religiões se podem encontrar na mesma e única realidade divina, qualquer que seja o seu nome. Pela mesma razão, realçam o mistério da criação, que se reflete na variedade de culturas e crenças, mas omitem o mistério da redenção. Mais ainda, o Reino, tal como o entendem eles, acaba por marginalizar ou desvalorizar a Igreja, como reação a um suposto eclesiocentrismo do passado, por considerarem a Igreja apenas um sinal, aliás passível de ambigüidade.

18. Ora, este não é o Reino de Deus, que conhecemos pela Revelação: ele não pode ser separado de Cristo nem da Igreja.

Como já se disse, Cristo não só anunciou o Reino, mas, nele, o próprio Reino tornou-se presente e realizou-se plenamente. E não apenas por meio de suas palavras e obras: "o Reino manifesta-se principalmente na própria pessoa de Cristo, Filho de Deus e Filho do Homem, que veio 'para servir e dar sua vida em resgate por muitos' *(Mc* 10,45)".[22] O Reino de Deus não é um

---

22 CONC. ECUM. VAT. II, Const. dogm. sobre a Igreja *Lumen Gentium,* 5.

conceito, uma doutrina, um programa sujeito a livre elaboração, mas é, acima de tudo, *uma Pessoa* que tem o nome e o rosto de Jesus de Nazaré, imagem do Deus invisível.[23] Se separarmos o Reino, de Jesus, ficaremos sem o Reino de Deus por ele pregado, acabando por se distorcer quer o sentido do Reino, que corre o risco de se transformar numa meta puramente humana ou ideológica, quer a identidade de Cristo, que deixa de aparecer como o Senhor, a quem tudo deve submeter-se (cf. *1Cor* 15,27).

Do mesmo modo, não podemos separar o Reino, da Igreja. É certo que esta não é fim em si mesma, uma vez que se ordena ao Reino de Deus, do qual é princípio, sinal e instrumento. Mesmo sendo distinta de Cristo e do Reino, a Igreja, todavia, está unida indissoluvelmente a ambos. Cristo dotou a Igreja, seu Corpo, da plenitude de bens e de meios da salvação; o Espírito Santo reside nela, dá-lhe a vida com os seus dons e carismas, santifica-a, guia-a e a renova continuamente.[24] Nasce, daí, uma relação única e singular que, mesmo sem excluir a obra de Cristo e do Espírito fora dos confins visíveis da Igreja, confere a esta um papel específico e necessário. Disto provém a ligação especial da Igreja com o Reino de Deus e de Cristo, que ela tem "a missão de anunciar e estabelecer em todos os povos".[25]

23 Cf. CONC. ECUM. VAT. II, Const. past. sobre a Igreja no mundo contemporâneo *Gaudium et Spes,* 22.
24 Cf. CONC. ECUM. VAT. II, Const. dogm. sobre a Igreja *Lumen Gentium,* 4.
25 *Ibid.,* 5.

19. Nesta visão de conjunto é que se compreende a realidade do Reino. É verdade que ele exige a promoção dos bens humanos e dos valores que podem mesmo ser chamados "evangélicos", porque intimamente ligados à Boa-Nova. Mas essa promoção, que a Igreja também toma a peito realizar, não deve ser separada nem contraposta às outras suas tarefas fundamentais, como são o anúncio de Cristo e seu Evangelho, a fundação e desenvolvimento de comunidades que atuem entre os homens a imagem viva do Reino. Isto não nos deve fazer recear que se possa cair numa forma de eclesiocentrismo. Paulo VI, que afirmou existir "uma profunda ligação entre Cristo, a Igreja e a evangelização",[26] disse, também, que a Igreja "não é fim em si mesma, pelo contrário, deseja intensamente ser toda de Cristo, em Cristo e para Cristo, e toda dos homens, entre os homens e para os homens".[27]

A IGREJA AO SERVIÇO DO REINO

20. A Igreja está efetiva e concretamente ao serviço do Reino. Em primeiro lugar, serve-o com o anúncio que chame à conversão: este é o primeiro e fundamental serviço à vinda do Reino para cada pessoa e para a sociedade humana. A salvação escatológica começa já agora, na novidade de vida em Cristo: "a todos os que o rece-

26 Exort. Ap. *Evangelii Nuntiandi*, 16: *l.c.*, 15.
27 *Discurso de Abertura* da III Sessão do Conc. Ecum. Vat. II, 14 de setembro de 1964: *AAS* 56 (1964) 810.

beram, aos que crêem nele, deu o poder de se tornarem filhos de Deus" *(Jo* 1,12).

A Igreja serve, ainda, o Reino, fundando comunidades, constituindo Igrejas particulares, levando-as ao amadurecimento da fé e da caridade, na abertura aos outros, no serviço à pessoa e à sociedade, na compreensão e estima das instituições humanas.

A Igreja, além disso, serve o Reino, difundindo pelo mundo os "valores evangélicos", que são a expressão do Reino, e ajudam os homens a acolher o desígnio de Deus. É verdade que a realidade incipiente do Reino pode encontrar-se também fora dos confins da Igreja, em toda a humanidade, na medida em que ela viva os "valores evangélicos" e se abra à ação do Espírito que sopra onde e como quer (cf. *Jo* 3,8); mas é preciso acrescentar, logo a seguir, que esta dimensão temporal do Reino está incompleta, enquanto não se ordenar ao Reino de Cristo, presente na Igreja, em constante tensão para a plenitude escatológica.[28]

As múltiplas perspectivas do Reino de Deus[29] não enfraquecem os fundamentos e as finalidades missionárias; pelo contrário, fortificam-nas e as expandem. A Igreja é sacramento de salvação para toda a humanidade; sua ação não se limita àqueles que aceitam sua mensagem. Ela é força atuante no caminho da humanidade rumo ao Reino escatológico; é sinal e promotora dos va-

28 PAULO VI, Exort. Ap. *Evangelii Nuntiandi,* 34: *l.c.,* 28.
29 Cf. COMISSÃO TEOLÓGICA INTERNACIONAL, *Temi scelti d'ecclesiologia* no XX aniversário do encerramento do Conc. Ecum. Vat. II (7/X/1985), 10: "L'indole escatologica della Chiesa: Regno di Dio e Chiesa".

lores evangélicos entre os homens.[30] Neste itinerário de conversão ao projeto de Deus, a Igreja contribui com o seu testemunho e atividade, expressa no diálogo, na promoção humana, no compromisso pela paz e pela justiça, na educação, no cuidado dos doentes, na assistência aos pobres e mais pequenos, mantendo sempre firme a prioridade das realidades transcendentes e espirituais, premissas da salvação escatológica.

A Igreja serve o Reino também com sua intercessão, uma vez que ele, por sua natureza, é dom e obra de Deus, como lembram as parábolas evangélicas e a própria oração que Jesus nos ensinou. Devemos suplicá-lo, para que seja acolhido e cresça em nós; mas devemos, simultaneamente, cooperar a fim de que seja aceito e se consolide entre os homens, até Cristo "entregar o Reino a Deus Pai", altura essa em que "Deus será tudo em todos" *(1Cor* 15,24.28).

---

30 Cf. CONC. ECUM. VAT. II, Const. past. sobre a Igreja no mundo contemporâneo *Gaudium et Spes,* 39.

CAPÍTULO III

O ESPÍRITO SANTO, PROTAGONISTA DA MISSÃO

21. "No ápice da missão messiânica de Jesus, o Espírito Santo aparece-nos, no Mistério pascal, em toda a sua subjetividade divina, como aquele que deve continuar, agora, a obra salvífica, radicada no sacrifício da cruz. Esta obra, sem dúvida, foi confiada aos homens: aos apóstolos e à Igreja. No entanto, nestes homens e por meio deles, o Espírito Santo permanece o sujeito protagonista transcendente da realização dessa obra, no espírito do homem e na história do mundo."[31]

Verdadeiramente, o Espírito Santo é o protagonista de toda a missão eclesial: sua obra brilha esplendorosamente na missão *ad gentes,* como se vê na Igreja primitiva, pela conversão de Cornélio (cf. *At* 10), pelas decisões acerca dos problemas surgidos (cf. *At* 15) e pela escolha dos territórios e povos (cf. *At* 16,6s). O Espírito Santo age por meio dos apóstolos, mas, ao mesmo tempo, opera nos ouvintes: "por sua ação a Boa-Nova ganha corpo nas consciências e nos corações humanos, expandindo-se na História. Em tudo isso, é o Espírito Santo que dá a vida".[32]

---

31 Carta Enc. *Dominum et Vivificantem* (18/V/1986), 42: *AAS* 78 (1986), 857.

32 *Ibid.,* 64: *l.c.,* 892.

O ENVIO
"ATÉ AOS CONFINS DA TERRA" (*At* 1,8)

22. Todos os evangelistas, ao narrarem o encontro de Cristo Ressuscitado com os apóstolos, concluem com o mandato missionário: "foi-me dado todo o poder no céu e na Terra. Ide, pois, ensinai todas as nações (...) Eu estarei convosco todos os dias, até o fim do mundo" (*Mt* 28,18-20; cf. *Mc* 16,15-18; *Lc* 24,46-49;*Jo* 20, 21-23).

Esta missão é *envio no Espírito,* como se vê claramente no texto de São João: Cristo envia os seus ao mundo, como o Pai o enviou; e, para isso, concede-lhes o Espírito. Lucas põe em estreita relação o testemunho que os apóstolos deverão prestar de Cristo, com a ação do Espírito que os capacitará para cumprir o mandato recebido.

23. As várias formas do "mandato missionário" contêm pontos em comum, mas também acentuações próprias de cada evangelista; dois elementos, de fato, encontram-se em todas as versões. Antes de mais nada, a dimensão universal da tarefa confiada aos apóstolos: "todas as nações" (*Mt* 28,19); "pelo mundo inteiro, a toda a criatura" (*Mc* 16,15); "todos os povos" (*Lc* 24,47); "até aos confins do mundo" (*At* 1,8). Em segundo lugar, a garantia, dada pelo Senhor, de que, nesta tarefa, não ficarão sozinhos, mas receberão a força e os meios para desenvolver a sua missão; estes são a presença e a potência do Espírito e a assistência de Jesus: "eles, partin-

do, foram pregar por toda a parte, e o Senhor cooperava com eles" *(Mc* 16,20).

Quanto às diferenças de acentuação no mandato, Marcos apresenta a missão como proclamação ou kerigma: "anunciai o Evangelho" *(Mc 1*6,15). O seu evangelho tem como objetivo levar o leitor a repetir a confissão de Pedro: "Tu és o Cristo" *(Mc* 8,29) e a dizer como o centurião romano diante de Jesus morto na cruz: "verdadeiramente este homem era o Filho de Deus" *(Mc* 15,39). Em Mateus, o acento missionário situa-se na fundação da Igreja e no seu ensinamento (cf. *Mt* 28, 19-20; 16,18); nele, o mandato evidencia a proclamação do Evangelho, mas enquanto deve ser completada por uma específica catequese de ordem eclesial e sacramental. Em Lucas, a missão é apresentada como um testemunho (cf. *Lc* 24,48; *At* 1,8), principalmente da ressurreição *(At* 1,22); o missionário é convidado a crer na potência transformadora do Evangelho e a anunciar a conversão ao amor e à misericórdia de Deus — que Lucas ilustra muito bem —, a experiência de uma libertação integral até à raiz de todo o mal, o pecado.

João é o único que fala explicitamente de "mandato" — palavra equivalente a "missão" — e une diretamente a missão confiada por Jesus aos seus discípulos, com aquela que ele mesmo recebeu do Pai: "assim como o Pai me enviou, também eu vos envio" *(Jo* 20,21). Jesus, dirigindo-se ao Pai, diz: "assim como tu me enviaste ao mundo, também eu os envio ao mundo" *(Jo* 17,18). Todo o sentido missionário do Evangelho de São João se pode encontrar na "Oração Sacerdotal": a vida eterna é "que te conheçam a ti, único Deus verdadeiro, e a Jesus Cristo, a quem enviaste" (*Jo 17*,3). O fim último da missão é fazer participar na comunhão que existe entre o Pai e o Filho: os discípulos devem viver a unidade entre si, permanecendo no Pai e no Filho, para que o mundo conheça e creia (*Jo* 17,21.23). Trata-se de um texto de grande alcance missionário, fazendo-nos entender que somos missionários sobretudo por *aquilo que se é*, como Igreja que vive profundamente a unidade no amor, e não tanto por *aquilo que se diz ou faz*.

Portanto, os quatro evangelhos, na unidade fundamental da mesma missão, manifestam, todavia, um pluralismo que reflete as diversas experiências e situações das primeiras comunidades cristãs. Também esse pluralismo é fruto do impulso dinâmico do Espírito, convidando a prestar atenção aos vários carismas missionários e às múltiplas condições ambientais e humanas. No entanto, todos os evangelistas sublinham que a missão dos discípulos é colaboração com a de Cristo: "Eu estarei convosco todos os dias, até o fim do mundo" (*Mt* 28,20). Assim, a missão não se baseia na capacidade humana, mas na força de Cristo ressuscitado.

O ESPÍRITO GUIA A MISSÃO

24. A missão da Igreja, tal como a de Jesus, é obra de Deus, ou, usando uma expressão freqüente em São Lucas, é obra do Espírito Santo. Depois da ressurreição e ascensão de Jesus, os apóstolos viveram uma intensa

experiência que os transformou: o Pentecostes. A vinda do Espírito Santo fez deles *testemunhas e profetas* (cf. *At* 1,8; 2,17-18), infundindo uma serena audácia que os leva a transmitir aos outros sua experiência de Jesus e a esperança que os anima. O Espírito deu-lhes a capacidade de testemunhar Jesus "sem medo".[33]

Quando os evangelizadores saem de Jerusalém, o Espírito assume ainda mais a função de "guia" na escolha tanto das pessoas como dos itinerários da missão. Sua ação manifesta-se especialmente no impulso dado à missão que, de fato, estende-se, segundo as palavras de Cristo, desde Jerusalém, por toda a Judéia e Samaria, e vai até aos confins do mundo.

Os *Atos dos Apóstolos* referem seis "discursos missionários", em miniatura, que foram dirigidos aos judeus, nos primórdios da Igreja (cf. *At* 2,22-39; 3,12-26; 4,9-12; 5,29-32; 10,34-43; 13,16-41). Estes discursos-modelo, pronunciados por Pedro e por Paulo, anunciam Jesus, convidam a "converter-se", isto é, a acolher Jesus na fé e a deixar-se transformar nele, pelo Espírito.

Paulo e Barnabé são impelidos pelo Espírito para a missão entre os pagãos (cf. *At* 13,46-48), mesmo no meio de tensões e problemas. Como devem viver os pagãos convertidos, sua fé em Jesus? Ficam eles vinculados à tradição do judaísmo e à lei da circuncisão? No primeiro Concílio, que reúne em Jerusalém, a volta dos apóstolos, os membros das diversas Igrejas, é tomada

---

33 A expressão "sem medo" corresponde ao termo grego *parresia*, que significa também entusiasmo, vigor; cf. *At* 2,29; 4,13.29.31; 9,27.28; 13,46; 14,3; 18,26; 19,8.26; 28,31.

uma decisão considerada como emanada do Espírito Santo: não é necessário que o pagão se submeta à lei judaica para ser cristão (cf. *At* 15,5-11.28). A partir desse momento, a Igreja abre suas portas e torna-se a casa onde todos podem entrar e sentir-se à vontade, conservando as próprias tradições e cultura, desde que não estejam em contraste com o Evangelho.

25. Os missionários, seguindo esta linha de ação, tiveram presente os anseios e as esperanças, as aflições e os sofrimentos, a cultura do povo, para lhe anunciar a salvação em Cristo. Os discursos de Listra e de Atenas (cf. *At* 14,15-17; 17,22-31) são considerados modelo para a evangelização dos pagãos: neles, Paulo "dialoga" com os valores culturais e religiosos dos diferentes povos. Aos habitantes da Licaônia, que praticavam uma religião cósmica, Paulo lembra experiências religiosas que se referiam ao cosmos; com os gregos, discute sobre filosofia e cita os seus poetas (cf. *At* 17,18.26-28). O Deus que vem revelar, já está presente em suas vidas: de fato, foi ele quem os criou, e é ele que misteriosamente conduz os povos e a História. No entanto, para reconhecerem o verdadeiro Deus, é necessário que abandonem os falsos deuses que eles próprios fabricaram, e se abram àquele que Deus enviou para iluminar a sua ignorância e satisfazer os anseios de seus corações (cf. *At* 17,27-30). São discursos que oferecem exemplos de inculturação do Evangelho.

Sob o impulso do Espírito, a fé cristã abre-se, decididamente, às nações pagãs, e o testemunho de Cristo expande-se em direção aos centros mais importantes do

Mediterrâneo oriental, para chegar, depois, a Roma e ao extremo ocidente. É o Espírito que impele a ir sempre mais além, não só em sentido geográfico, mas também ultrapassando barreiras étnicas e religiosas, até se chegar a uma missão verdadeiramente universal.

O ESPÍRITO TORNA MISSIONÁRIA
TODA A IGREJA

26. O Espírito impele o grupo dos crentes a "constituírem comunidades", a serem Igreja. Depois do primeiro anúncio de Pedro, no dia de Pentecostes, e as conversões que se seguiram, forma-se a primeira comunidade (cf. *At* 2,42-47; 4,32-35).

Com efeito, uma das finalidades centrais da missão é reunir o povo de Deus na escuta do Evangelho, na comunhão fraterna, na oração e na Eucaristia. Viver a "comunhão fraterna" *(koinonía)* significa ter "um só coração e uma só alma" (*At* 4,32), instaurando uma comunhão sob os aspectos humano, espiritual e material. A verdadeira comunidade cristã sente necessidade de distribuir os próprios bens, para que não haja necessitados, e todos possam ter acesso a esses bens, "conforme as necessidades de cada um" (*At* 2,45; 4,35). As primeiras comunidades, onde reinava "a alegria e a simplicidade de coração" (*At* 2,46), eram dinamicamente abertas e missionárias: "gozavam da estima de todo o povo" (*At* 2,47). Antes ainda da ação, a missão é testemunho e irradiação.[34]

34 Cf. PAULO VI, Exort. Ap. *Evangelii Nuntiandi,* 41-42: *l.c.,* 31-33.

27. Os *Atos dos Apóstolos* mostram que a missão dirigia-se, primeiramente, a Israel, e depois aos pagãos. Para a atuação dessa missão, aparece, antes de tudo, o grupo dos Doze que, como um corpo guiado por Pedro, proclama a Boa-Nova. Depois, temos a comunidade dos crentes que, com o seu modo de viver e agir, dá testemunho do Senhor e converte os pagãos (cf. *At* 2,46-47). Existem também enviados especiais, destinados a anunciar o Evangelho. Assim, a comunidade cristã de Antioquia envia seus membros em missão: depois de ter jejuado, rezado e celebrado a Eucaristia, ela faz notar que o Espírito escolheu Paulo e Barnabé para serem enviados (cf. *At* 13,1-4). Logo, nas suas origens, a missão foi vista como um compromisso comunitário e uma responsabilidade da Igreja local, que necessita de "missionários" para se expandir em direção a novas fronteiras. Ao lado desses enviados, havia outros que testemunhavam, espontaneamente, a novidade que tinha transformado suas vidas e uniam, à Igreja apostólica, as comunidade em formação.

A leitura dos *Atos* mostra-nos que, no início da Igreja, a missão *ad gentes,* embora contando com missionários integralmente dedicados a ela por vocação èspecial, todavia era considerada como o fruto normal da vida cristã, graças ao compromisso de cada crente, atuado mediante testemunho pessoal e anúncio explícito, sempre que possível.

O ESPÍRITO ESTÁ PRESENTE E OPERANTE EM TODO O TEMPO E LUGAR

28. O Espírito manifesta-se particularmente na Igreja e em seus membros, mas sua presença e ação são universais, sem limites de espaço nem de tempo.[35] O Concílio Vaticano II lembra a obra do Espírito no coração de cada homem, cuidando e fazendo germinar as "sementes do Verbo", presentes nas iniciativas religiosas e nos esforços humanos à procura da verdade, do bem, e de Deus.[36]

O Espírito oferece ao homem "luz e forças que lhe permitem corresponder à sua altíssima vocação"; graças a ele, "o homem chega, por meio da fé, a contemplar e saborear o mistério dos planos divinos"; mais ainda, "devemos acreditar que o Espírito Santo oferece a todos, de um modo que só Deus conhece, a possibilidade de serem associados ao Mistério pascal".[37] Seja como for, a Igreja sabe que o homem, solicitado incessantemente pelo Espírito de Deus, nunca poderá ser totalmente indiferente ao problema da religião, mantendo sempre o desejo de saber, mesmo se confusamente, qual o significado de sua vida, de sua atividade, e de sua morte.[38] O Espírito está, portanto, na própria origem da questão existencial e religiosa do homem, que surge não só de

35 Cf. Carta Enc. *Dominum et Vivificantem*, 53: *l.c.*, 874 s.
36 Cf. CONC. ECUM. VAT. II, Decreto sobre a atividade missionária da Igreja *Ad Gentes*, 3. 11. 15; Const. past. sobre a Igreja no mundo contemporâneo *Gaudium et Spes*, 10-11. 22. 38. 41. 92-93.
37 CONC. ECUM. VAT. II, Const. past. sobre a Igreja no mundo contemporâneo *Gaudium et Spes*, 10. 15. 22.
38 *Ibid.*, 41.

situações contingentes, mas sobretudo da estrutura própria de seu ser.[39]

A presença e ação do Espírito não atingem apenas os indivíduos, mas também a sociedade e a História, os povos, as culturas e as religiões. Com efeito, ele está na base dos ideais nobres e das iniciativas benfeitoras da humanidade peregrina: "com admirável providência, o Espírito dirige o curso dos tempos e renova a face da Terra".[40]

Cristo ressuscitado, "pela virtude de seu Espírito, atua já nos corações dos homens, não só despertando o desejo da vida futura, mas também alentando, purificando e robustecendo a família humana para tornar mais humana a sua própria vida e submeter a Terra inteira a este fim".[41] É ainda o Espírito que infunde as "sementes do Verbo", presentes nos ritos e nas culturas, e as faz maturar em Cristo.[42]

29. Assim, o Espírito que "sopra onde quer" (*Jo* 3,8) e que "já operava no mundo, antes da glorificação do Filho",[43] que "enche o universo, abrangendo tudo e de tudo tem conhecimento" (*Sb* 1,7), induz-nos a estender o olhar, para podermos melhor considerar sua ação, presente em todo o tempo e lugar.[44] É uma referência que eu próprio

39 Cf. Carta Enc. *Dominum et Vivificantem*, 54: *l.c.*, 875 s.

40 CONC. ECUM. VAT. II, Const. past. sobre a Igreja no mundo contemporâneo *Gaudium et Spes*, 26.

41 *Ibid.*, 38; cf. 93.

42 Cf. CONC. ECUM. VAT. II, Const. dogm. sobre a Igreja *Lumen Gentium*, 17; Decreto sobre a atividade missionária da Igreja *Ad Gentes*, 3.15.

43 CONC. ECUM. VAT. II, Decreto sobre a atividade missionária da Igreja *Ad Gentes*, 4.

44 Cf. Carta Enc. *Dominum et Vivificantem*, 53: *l.c.*, 874.

sigo, muitas vezes, e que me guiou nos encontros com os mais diversos povos. As relações da Igreja com as restantes religiões baseiam-se num duplo aspecto: "respeito pelo homem na sua busca de resposta às questões mais profundas da vida, e respeito pela ação do Espírito nesse mesmo homem".[45] O encontro inter-religioso de Assis, excluída toda e qualquer interpretação equívoca, reforçou minha convicção de que "toda a oração autêntica é suscitada pelo Espírito Santo, que está misteriosamente presente no coração dos homens".[46]

Este Espírito é o mesmo que agiu na encarnação, vida, morte e ressurreição de Jesus, e atua na Igreja. Não é, de modo nenhum, uma alternativa para Cristo, nem vem preencher uma espécie de vazio, como algumas vezes se sugere existir, entre Cristo e o Logos. Tudo quanto o Espírito opera no coração dos homens e na história dos povos, nas culturas e religiões, assume um papel de preparação evangélica,[47] e não pode deixar de se referir a Cristo, Verbo feito carne pela ação do Espírito, "a fim de, como homem perfeito, salvar todos os homens e recapitular em si todas as coisas".[48]

45 Discurso aos Dirigentes das religiões não-cristãs, em Madras (Índia), a 5 de fevereiro de 1986: *AAS* 78 (1986), 767; cf. Mensagem aos Povos da Ásia, em Manila, a 21 de fevereiro de 1981, 2-4: *AAS* 73 (1981), 392 s.; Discurso aos representantes das religiões não-cristãs, em Tóquio, a 24 de fevereiro de 1981, 3-4: *Insegnamenti* IV/1 (1981), 507 s.

46 Discurso aos Cardeais, à Família Pontifícia e à Cúria e Prelatura Romana, 22 de dezembro de 1986, 11: *AAS* 79 (1987), 1089.

47 Cf. CONC. ECUM. VAT. II, Const. dogm. sobre a Igreja *Lumen Gentium*, 16.

48 CONC. ECUM. VAT. II, Const. past. sobre a Igreja no mundo contemporâneo *Gaudium et Spes*, 45; cf. Carta Enc. *Dominum et Vivificantem*, 54: *l.c.*, 876.

A ação universal do Espírito, portanto, não pode ser separada da obra peculiar que ele desenvolve no Corpo de Cristo, que é a Igreja. Sempre é o Espírito que atua, quer quando dá vida à Igreja, impelindo-a a anunciar Cristo, quer quando semeia e desenvolve seus dons em todos os homens e povos, conduzindo a Igreja à descoberta, promoção e acolhimento desses dons, por meio do diálogo. Qualquer presença do Espírito deve ser acolhida com estima e gratidão, mas compete à Igreja discerni-la. A ela, Cristo deu o seu Espírito para a guiar até à verdade total (cf. *Jo* 16,13).

A ATIVIDADE MISSIONÁRIA
ESTÁ AINDA NO INÍCIO

30. O nosso tempo, com uma humanidade em movimento e insatisfeita, exige um *renovado impulso na atividade missionária da Igreja*. Os horizontes e as possibilidades da missão alargam-se, e é-nos pedida, a nós cristãos, a coragem apostólica, apoiada sobre a confiança no Espírito. *Ele é o protagonista da missão!*

Na história da humanidade, há numerosas viragens que estimulam o dinamismo missionário, e a Igreja, guiada pelo Espírito, sempre respondeu com generosidade e clarividência. Também não faltaram os frutos! Pouco tempo atrás, celebrou-se o milênio da evangelização da Rússia e dos povos eslavos, estando para se celebrar os 500 anos de evangelização das Américas. Foram, entretanto, comemorados, de forma solene, os centenários das primeiras missões em vários países da Ásia, da África e da Oceania. A Igreja deve, hoje, enfrentar outros desafios, lançando-se para novas fronteiras, quer na primeira missão *ad gentes,* quer na nova evangelização dos povos que já receberam o anúncio de Cristo: a todos os cristãos, às Igrejas particulares e à Igreja universal, pede-se a mesma coragem que moveu os missionários do passado, a mesma disponibilidade para escutar a voz do Espírito.

CAPÍTULO IV

OS IMENSOS HORIZONTES DA MISSÃO *AD GENTES*

31. O Senhor Jesus enviou seus apóstolos a todas as pessoas, a todos os povos e a todos os lugares da Terra. Nos apóstolos, a Igreja recebeu uma missão universal, sem limites, referindo-se à salvação em toda a sua integridade, segundo aquela plenitude de vida que Cristo veio trazer (cf. *Jo* 10,10): ela foi "enviada para manifestar e comunicar a caridade de Deus a todos os homens e povos".[49]

Esta missão é única, sendo a mesma a sua origem e fim; mas, na sua dinâmica de realização, há diversas funções e atividades. Antes de tudo, está a ação missionária, denominada "missão *ad gentes*" pelo decreto conciliar: trata-se de uma atividade primária e essencial da Igreja, jamais concluída. Com efeito, a Igreja "não pode eximir-se da *missão permanente de levar o Evangelho* a quantos — e são milhões e milhões de homens e mulheres — ainda não conhecem Cristo Redentor do homem. Esta é a tarefa mais especificamente missionária que Jesus confiou e continua, cotidianamente, a confiar à sua Igreja".[50]

---

49 CONC. ECUM. VAT. II, Decreto sobre a atividade missionária da Igreja *Ad Gentes,* 10.

50 Exort. Ap. pós-sinodal *Christifideles Laici* (30/XII/1988), 35: *AAS* 81 (1989), 457.

UM QUADRO RELIGIOSO COMPLEXO
E EM MUTAÇÃO

32. Encontramo-nos, hoje, diante de uma situação religiosa bastante diversificada e mutável: os povos estão em movimentos; certas realidades sociais e religiosas, que, tempos atrás, eram claras e definidas, hoje evoluem em situações complexas. Basta pensar em fenômenos como: o urbanismo, as migrações em massa, a movimentação de refugiados, a descristianização de países com antiga tradição cristã, a influência crescente do Evangelho e de seus valores em países de elevada maioria não-cristã, o pulular de messianismos e de seitas religiosas. É uma alteração tal, de situações religiosas e sociais, que se torna difícil aplicar, em concreto, certas distinções e categorias eclesiais a que estávamos habituados. Já antes do Concílio, era comum atribuir, a algumas metrópoles ou regiões cristãs, a classificação de "terra de missão". Passados estes anos, não se pode dizer que a situação melhorou.

Por outro lado, a obra missionária produziu abundantes frutos em todas as partes do mundo, como o demonstram as Igrejas implantadas de uma forma tão sólida e amadurecida, que já é capaz de prover às necessidades de suas comunidades, a ponto de enviarem até pessoas a evangelizar outras Igrejas e territórios. Daí o contraste com áreas de antiga tradição cristã, que precisam ser re-evangelizadas. Alguns perguntam-se, inclusive, se ainda é o caso de falar em *atividade missionária específica,* ou de seus âmbitos específicos, ou se não deveríamos, antes, admitir que existe uma *única situação missionária,* havendo apenas uma única missão, igual em todo o lugar. A dificuldade é real, e a prova de quão difícil é interpretar esta realidade complexa e mutável, em ordem ao mandato de evangelizar, está patente no "vocabulário missionário": por exemplo, há uma certa hesitação em usar os termos "missões" e "missionários", porque consideram-nas superadas por conterem resquícios históricos negativos; prefere-se usar o substantivo "missão" no singular, e o adjetivo "missionário" para qualificar toda a atividade da Igreja.

Estas dificuldades denotam uma mudança real, que contém aspectos positivos. A integração das "missões" na *missão* da Igreja, o confluir da *missionologia* para a *eclesiologia,* e a inserção de ambas no plano trinitário da salvação, deu um novo ar à própria atividade missionária, não concebida já como uma tarefa à margem da Igreja, mas antes inserida no âmago de sua vida, como compromisso fundamental de todo o Povo de Deus. Torna-se necessário, porém, precaver-se contra o risco de nivelar situações muito diferentes, e reduzir ou até fazer desaparecer a missão e os missionários *ad gentes.* A afirmação de que toda a Igreja é missionária não exclui a existência de uma específica missão *ad gentes,* assim como dizer que todos os católicos devem ser missionários não impede — pelo contrário, exige-o — que haja missionários *ad gentes,* dedicados por vocação específica à missão por toda a vida.

A MISSÃO *AD GENTES*
CONSERVA O SEU VALOR

33. As diferenças de atividade, no âmbito da *única missão da Igreja,* nascem não de motivações intrínsecas à própria missão, mas das diversas circunstâncias onde ela se exerce.[51] Olhando o mundo de hoje, do ponto de vista da evangelização, podemos distinguir *três situações distintas.*

Antes de mais nada, temos aquela à qual se dirige a atividade missionária da Igreja: povos, grupos humanos, contextos socioculturais onde Cristo e o seu Evangelho não é conhecido, onde faltam comunidades cristãs suficientemente amadurecidas para poderem encarnar a fé no próprio ambiente e anunciá-la a outros grupos. Esta é propriamente a missão *ad gentes.*[52]

Aparecem, depois, as comunidades cristãs que possuem sólidas e adequadas estruturas eclesiais, são fermento de fé e de vida, irradiando o testemunho do Evangelho no seu ambiente, e sentindo o compromisso da missão universal. Nelas se desenvolve a atividade ou cuidado pastoral da Igreja.

Finalmente, existe a situação intermédia, especialmente nos países de antiga tradição cristã, mas, por vezes, também nas Igrejas mais jovens, onde grupos inteiros de batizados perderam o sentido vivo da fé, não se reconhecendo já como membros da Igreja e conduzindo

51 Cf. CONC. ECUM. VAT. II, Decreto sobre a atividade missionária da Igreja *Ad Gentes,* 6.

52 Cf. *ibid.,* 6.

uma vida distante de Cristo e de seu Evangelho. Neste caso, torna-se necessária uma "nova evangelização", ou "re-evangelização".

34. A atividade missionária específica, ou missão *ad gentes*, tem como destinatários "os povos ou grupos que ainda não crêem em Cristo", "aqueles que estão longe de Cristo", entre os quais a Igreja "não está ainda radicada",[53] e cuja cultura ainda não foi influenciada pelo Evangelho.[54] Distingue-se das outras atividades eclesiais por se dirigir a grupos e ambientes não-cristãos, caracterizados pela ausência ou insuficiência do anúncio evangélico e da presença eclesial. Vem a ser, portanto, a obra do anúncio de Cristo e de seu Evangelho, da edificação da Igreja local, da promoção dos valores do Reino. A peculiariedade da missão *ad gentes* deriva do fato de se orientar para os "não-cristãos". É preciso evitar, por isso, que esta "tarefa especificamente missionária, que Jesus confiou e continua, cotidianamente, a confiar à sua Igreja",[55] se torne numa realidade diluída na missão global de todo o Povo de Deus, ficando, desse modo, descurada ou esquecida.

De resto, os confins entre o *cuidado pastoral dos fiéis, a nova evangelização e a atividade missionária específica* não são facilmente identificáveis, e não se deve pensar em criar entre esses âmbitos barreiras ou compartimentos estanques. Não se pode, no entanto,

---

53 *Ibid.*, 6. 23; cf. 27.
54 Cf. PAULO VI, Exort. Ap. *Evangelii Nuntiandi*, 18-20: *l.c.*, 17-19.
55 Exort. Ap. pós-sinodal *Christifideles Laici*, 35: *l.c.*, 457.

perder a tensão para o anúncio e para a fundação de novas Igrejas entre povos ou grupos humanos, onde elas ainda não existem, porque esta é a tarefa primeira da Igreja, que é enviada a todos os povos, até aos confins da Terra. Sem a missão *ad gentes,* a própria dimensão missionária da Igreja ficaria privada de seu significado fundamental e de seu exemplo de atuação.

Registre-se, também, uma real e crescente *interdependência* entre as diversas atividades salvíficas da Igreja: cada uma influi sobre a outra, estimula-a e a ajuda. O dinamismo missionário permite uma troca de valores entre as Igrejas, e projeta, para o mundo exterior, influência positiva, em todos os sentidos. As Igrejas de antiga tradição cristã, por exemplo, preocupadas com a dramática tarefa da nova evangelização, estão mais conscientes de que não podem ser missionárias dos não-cristãos de outros países e continentes, se não se preocuparem seriamente com os não-cristãos da própria casa: a atividade missionária *ad intra* é sinal de autenticidade e de estímulo para realizar a outra, *ad extra,* e vice-versa.

A TODOS OS POVOS, APESAR DAS DIFICULDADES

35. A missão *ad gentes* tem, à sua frente, uma tarefa imensa, que está muito longe de se ver concluída. Pelo contrário, quer desde o ponto de vista numérico, devido ao aumento demográfico, quer do ponto de vista sociocultural, pelo despontar de novas relações e pela varia-

ção das situações, aquela missão parece destinada a possuir horizontes ainda mais vastos. A tarefa de anunciar Jesus Cristo a todos os povos apresenta-se enorme e desproporcionada relativamente às forças humanas da Igreja.

As *dificuldades* parecem insuperáveis e poderiam fazer desanimar, se se tratasse de uma obra puramente humana. Em alguns países, está proibida a entrada de missionários; noutros, é proibida tanto a evangelização como a conversão e até mesmo o culto cristão. Há outros lugares onde os obstáculos são de natureza cultural: a transmissão da mensagem evangélica mostra-se irrelevante ou incompreensível, e a conversão é considerada como abandono do próprio povo e cultura.

36. Não faltam, também, ao Povo de Deus, as dificuldades internas, que são as mais dolorosas. Já meu predecessor Paulo VI indicava, em primeiro lugar, "a falta de fervor, tanto mais grave por nascer de dentro; manifesta-se no cansaço, na desilusão, no acomodamento e no desinteresse, e sobretudo na falta de alegria e de esperança".[56] Grandes obstáculos à ação missionária da Igreja são, também, as divisões, passadas e presentes, entre os cristãos,[57] a descristianização em países cristãos, a diminuição das vocações para o apostolado, o contra-testemunho de fiéis e de comunidades cristãs que não reproduzem, em suas vidas, o modelo de Cristo. Mas uma das razões mais graves para o escasso interesse pelo empenho missionário é a mentalidade do indiferentismo, hoje

56 Exort. Ap. *Evangelii Nuntiandi*, 80: *l.c.*, 73.
57 Cf. CONC. ECUM. VAT. II, Decreto sobre a atividade missionária da Igreja *Ad Gentes*, 6.

muito difundida, infelizmente também entre os cristãos, freqüentemente radicada em concepções teológicas incorretas e geradora de um relativismo religioso, que leva a pensar que "tanto vale uma religião como outra". Podemos, por último, referir ainda — como dizia o mesmo Pontífice — a existência de "álibis que podem afastar da evangelização; os mais insidiosos são, certamente, aqueles para os quais se presume encontrar apoio neste ou naquele ensinamento do Concílio".[58]

A este respeito, recomendo vivamente aos teólogos e aos profissionais da imprensa cristã que intensifiquem seu serviço em favor da missão, para encontrarem o sentido profundo de seu importante trabalho, no verdadeiro caminho do *sentire cum ecclesia*.

As dificuldades internas ou externas não nos devem deixar pessimistas e inativos. O que deve contar — aqui, como nos demais setores da vida cristã — é a confiança que provém da fé, ou seja, a certeza de não sermos nós os protagonistas da missão, mas Jesus Cristo e seu Espírito. Somos apenas colaboradores e, depois de termos feito tudo o que estava ao nosso alcance, devemos dizer: "somos servos inúteis, só fizemos o que devíamos fazer" (*Lc* 17,10).

---

58 Exort. Ap. *Evangelii Nuntiandi*, 80: *l.c.*, 73.

ÂMBITOS DA MISSÃO *AD GENTES*

37. A missão *ad gentes,* devido ao mandato universal de Cristo, não tem fronteiras. Apesar disso, é possível identificar vários âmbitos, em que ela se concretiza, para ficarmos com um quadro real da situação.

a) *Âmbitos territoriais.* Normalmente, a atividade missionária foi definida em relação a territórios concretos. O Concílio Vaticano II reconheceu a dimensão territorial da missão *ad gentes,*[59] que, ainda hoje, permanece válida para determinar responsabilidades, competências e limites geográficos de ação. É certo que a uma missão universal deve corresponder uma perspectiva universal: a Igreja, com efeito, não pode aceitar que fronteiras geográficas e impedimentos políticos sejam obstáculos à sua presença missionária. Mas é verdade, também, que a atividade missionária *ad gentes,* sendo distinta do cuidado pastoral dos fiéis e da nova evangelização dos não praticantes, se exerce em territórios e grupos humanos bem delimitados.

O multiplicar-se das Igrejas jovens, nos últimos tempos, não deve iludir-nos. Nos territórios confiados a estas Igrejas, especialmente na Ásia, mas também na África, América Latina e na Oceania, existem várias zonas não evangelizadas: povos inteiros e áreas culturais de grande importância, em muitas nações, ainda não foram alcançados pelo anúncio evangélico nem pela presença da Igreja local.[60] Inclusive em países tradicional-

---

59 Cf. Decreto sobre a atividade missionária da Igreja *Ad Gentes,* 6.
60 Cf. *ibid.,* 20.

mente cristãos, há regiões confiadas ao regime especial da missão *ad gentes,* com grupos e áreas não evangelizadas. Impõe-se, pois, nestes países, não apenas uma nova evangelização, mas, em certos casos, a primeira evangelização.[61]

As situações, porém, não são homogêneas. Mesmo reconhecendo que as afirmações sobre a responsabilidade missionária da Igreja não são dignas de crédito, se não forem autenticadas por um sério empenho numa nova evangelização, nos países de antiga tradição cristã, não parece justo equiparar a situação de um povo que nunca ouviu falar em Jesus Cristo, com a de um outro que o conheceu e aceitou, mas depois o rejeitou, embora continuando a viver numa cultura que absorveu em grande parte, os princípios e valores evangélicos. Em relação à fé, são duas posições substancialmente diferentes.

Portanto, o critério geográfico, mesmo se provisório e não muito preciso, serve ainda para indicar as fronteiras para as quais se deve dirigir a atividade missionária. Existem países e áreas geográficas e culturais onde faltam comunidades cristãs autóctones; noutros lugares, estas são tão pequenas, que não é possível reconhecer nelas um sinal claro da presença cristã; ou então, a estas comunidades falta o dinamismo para evangelizar a própria sociedade, ou pertencem a populações minoritárias, não inseridas na cultura dominante. Em particular, no continente asiático, para onde deveria orientar-se princi-

61 Cf. Discurso aos membros do Simpósio do Conselho das Conferências Episcopais da Europa, 11 de outubro de 1985: *AAS* 78 (1986), 178-189.

palmente a missão *ad gentes,* os cristãos são uma pequena minoria, apesar de, às vezes, se verificarem movimentos significativos de conversão e testemunhos exemplares de presença cristã.

b) *Mundos e fenômenos sociais novos.* As rápidas e profundas transformações que caracterizam o mundo de hoje, particularmente no hemisfério sul, influem, decididamente, no quadro missionário: onde antes as situações humanas e sociais eram estáveis, hoje tudo está em movimentação. Pensemos, por exemplo, na urbanização e no massiço aumento das cidades, especialmente onde é mais forte a pressão demográfica. Em muitos países, mais da metade da população vive em algumas megalópoles, onde os problemas do homem freqüentemente pioram, entre outras razões, por causa do anonimato em que ficam imersas as multidões.

Nos tempos modernos, a atividade missionária desenvolveu-se sobretudo em regiões isoladas, longe dos centros civilizados e inacessíveis por dificuldades de comunicação, de língua e de clima. Hoje, a imagem da missão *ad gentes* talvez esteja mudando: lugares privilegiados deveriam ser as grandes cidades, onde surgem novos costumes e modelos de vida, novas formas de cultura e comunicação que, depois, influem na população. É verdade que a "escolha dos menos afortunados" deve levar a não descuidar os grupos humanos mais isolados e marginalizados, mas também é verdade que não é possível evangelizar as pessoas ou pequenos grupos, descuidando os centros onde nasce — pode-se dizer — uma nova humanidade, com novos modelos de desenvolvimento. O futuro das jovens nações está se formando nas cidades.

Falando de futuro, não é possível esquecer os jovens que, em numerosos países, constituem mais da metade da população. Como proceder para que a mensagem de Cristo atinja esses jovens não-cristãos, que são o futuro de inteiros continentes? Evidentemente, já não bastam os meios tradicionais da pastoral: são necessárias associações e instituições, grupos e centros específicos, iniciativas culturais e sociais para os jovens. Eis um âmbito onde os modernos movimentos eclesiais têm largo campo de ação.

Entre as grandes transformações do mundo contemporâneo, as migrações produziram um novo fenômeno: os não-cristãos chegam em grande número aos países de antiga tradição cristã, criando novas ocasiões para contatos e intercâmbios culturais, esperando da Igreja o acolhimento, o diálogo, a ajuda, numa palavra, a fraternidade. De entre os emigrantes, os refugiados ocupam um lugar especial e merecem a máxima atenção. São já muitos milhões no mundo, e não cessam de aumentar: fogem da opressão política e da miséria desumana, da fome e da seca que assume dimensões catastróficas. A Igreja deve acolhê-los no âmbito de sua solicitude apostólica.

Por fim, lembramos as situações de probreza, freqüentemente intoleráveis, que se criam em muitos países, e estão, muitas vezes, na origem de migrações em massa. Estas situações desumanas desafiam a comunidade cristã: o anúncio de Cristo e do Reino de Deus deve tornar-se instrumento de redenção humana para estas populações.

c) *Áreas culturais, ou modernos areópagos.* Paulo, depois de ter pregado em numerosos lugares, chega a Atenas e vai ao areópago, onde anuncia o Evangelho, usando uma linguagem adaptada e compreensível para aquele ambiente (cf. *At* 17,22-31). O areópago representava, então, o centro da cultura do douto povo ateniense, e hoje pode ser tomado como símbolo dos novos ambientes onde o Evangelho deve ser proclamado.

O primeiro areópago dos tempos modernos é o *mundo das comunicações,* que está unificando a humanidade, transformando-a — como se costuma dizer — na "aldeia global". Os meios de comunicação social alcançaram tamanha importância que são para muitos o principal instrumento de informação e formação, de guia e inspiração dos comportamentos individuais, familiares e sociais. Principalmente as novas gerações crescem num mundo condicionado pelos mass-média. Talvez se tenha descuidado, um pouco, este areópago: deu-se preferência a outros instrumentos para o anúncio evangélico e para a formação, enquanto os mass-média foram deixados à iniciativa de particulares ou de pequenos grupos, entrando apenas, secundariamente, na programação pastoral. O uso dos mass-média, no entanto, não tem somente a finalidade de multiplicar o anúncio do Evangelho: trata-se de um fato muito mais profundo, porque a própria evangelização da cultura moderna depende, em grande parte, da sua influência. Não é suficiente, portanto, usá-los para difundir a mensagem cristã e o Magistério da Igreja, mas é necessário integrar a mensagem nesta "nova cultura", criada pelas modernas comunicações. É um problema complexo, pois esta cultura nasce, menos dos conteúdos do que do próprio fato de existirem novos modos de comunicar com novas linguagens, novas técnicas, novas atitudes psicológicas. Meu predecessor Paulo VI dizia que "a ruptura entre o Evangelho e a cultura é, sem dúvida, o drama da nossa época";[62] e o campo da comunicação moderna confirma plenamente este parecer.

Existem muitos outros areópagos do mundo moderno, para os quais se deve orientar a atividade missionária dos povos. Por exemplo, o empenho pela paz; o desenvolvimento e a libertação dos povos, sobretudo o das minorias; a promoção da mulher e da criança; a proteção da natureza, são outros tantos setores a serem iluminados pela luz do Evangelho.

É preciso lembrar, além disso, o vastíssimo areópago da cultura, da pesquisa científica, das relações internacionais que favorecem o diálogo e levam a novos projetos de vida. Convém estar atentos e empenhados nestas exigências modernas. Os homens sentem-se como que a navegar no mesmo mar tempestuoso da vida, chamados a uma unidade e solidariedade cada vez maior: as soluções para os problemas existenciais são estudadas, discutidas e experimentadas com o concurso de todos. Eis porque os organismos e as convenções internacionais se apresentam cada vez mais importantes, em

---

62 Exort. Ap. *Evangelii Nuntiandi*, 20: *l.c.*, 19.

muitos setores da vida humana, desde a cultura à política, da economia à pesquisa. Os cristãos, que vivem e trabalham nesta dimensão internacional, tenham sempre presente o seu dever de testemunhar o Evangelho.

38.   A época em que vivemos é, ao mesmo tempo, dramática e fascinante. Se por um lado, parece que os homens vão no encalço da prosperidade material, mergulhando cada vez mais no consumismo materialista, por outro lado, manifesta-se a angustiante procura de sentido, a necessidade de vida interior, o desejo de aprender novas formas e meios de concentração e de oração. Não só nas culturas densas de religiosidade, mas também nas sociedades secularizadas, procura-se a dimensão espiritual da vida como antídoto à desumanização. Este fenômeno, denominado "ressurgimento religioso", não está isento de ambiguidade, mas traz com ele também um convite. A Igreja tem em Cristo, que se proclamou "o Caminho, a Verdade e a Vida" (*Jo* 14,6), um imenso patrimônio espiritual para oferecer à humanidade. É o caminho cristão que leva ao encontro de Deus, à oração, à ascese, à descoberta do sentido da vida. Também este é um areópago a evangelizar.

FIDELIDADE A CRISTO
E PROMOÇÃO DA LIBERDADE DO HOMEM

39. Todas as formas de atividade missionária caracterizam-se pela consciência de promover a liberdade do homem, anunciando-lhe Jesus Cristo. A Igreja deve ser fiel a Cristo, já que é seu Corpo e continua a sua missão. É necessário que ela "caminhe pela mesma via de Cristo, via de pobreza, obediência, serviço e imolação própria até à morte, da qual ele saiu vitorioso pela sua ressurreição".[63] A Igreja, portanto, tem o dever de fazer todo o possível para cumprir sua missão no mundo, e alcançar todos os povos; e tem também o direito, que lhe foi dado por Deus, de levar a termo o seu plano. A liberdade religiosa, por vezes ainda limitada e cerceada, é a premissa e a garantia de todas as liberdades que asseguram o bem comum das pessoas e dos povos. É de se auspiciar que a autêntica liberdade religiosa seja concedida a todos, em qualquer lugar, e para isso a Igreja se empenha a fim de que tal aconteça nos vários países, especialmente nos de maioria católica, onde ela alcançou uma maior influência. Não se trata, porém, de um problema de maioria ou minoria, mas de um direito inalienável de toda a pessoa humana.

Por outro lado, a Igreja dirige-se ao homem no pleno respeito de sua liberdade:[64] a missão não restringe

63 CONC. ECUM. VAT. II, Decreto sobre a atividade missionária da Igreja *Ad Gentes,* 5; cf. Const. dogm. sobre a Igreja *Lumen Gentium,* 8.

64 Cf. CONC. ECUM. VAT. II, Declaração sobre a liberdade religiosa *Dignitatis Humanae,* 3-4; PAULO VI, Exort. Ap. *Evangelii Nuntiandi,* 79-80: *l.c.,* 71-75; JOÃO PAULO II, Carta Enc. *Redemptor Hominis,* 12: *l.c.,* 278-281.

a liberdade, pelo contrário, favorece-a. A *Igreja propõe, não impõe nada:* respeita as pessoas e as culturas, detendo-se diante do sacrário da consciência. Aos que se opõem, com os mais diversos pretextos, à atividade missionária, a Igreja repete: *Abrí as portas a Cristo!*

Dirijo-me a todas as Igrejas particulares, antigas ou de formação recente. O mundo vai se unificando cada vez mais, o espírito evangélico deve levar à supressão de barreiras culturais, nacionalistas, evitando qualquer isolamento. Já Bento XV admoestava os missionários de seu tempo a que nunca "esquecessem a dignidade pessoal, para não pensarem mais na pátria terrena que na do céu".[65] A mesma recomendação vale, hoje, para as Igrejas particulares: abrí as portas aos missionários, pois "toda a Igreja particular que se separasse, voluntariamente, da Igreja universal perderia sua referência ao desígnio de Deus e empobrecer-se-ia na sua dimensão eclesial".[66]

DIRIGIR A ATENÇÃO PARA O SUL E O ORIENTE

40. A atividade missionária ainda hoje representa o máximo desafio para a Igreja. À medida que se aproxima o fim do segundo milênio da Redenção, é cada vez mais evidente que os povos que ainda não receberam o primeiro anúncio de Cristo constituem a maioria da humanidade. Certamente o balanço da atividade missio-

---

65 Epist. Ap. *Maximum illud: l.c.,* 446.
66 PAULO VI, Exort. Ap. *Evangelii Nuntiandi,* 62: *l.c.,* 52.

nária dos tempos modernos é positivo: a Igreja está estabelecida em todos os continentes, e a maioria dos fiéis e das Igrejas particulares já não está na velha Europa, mas nos continentes que os missionários abriram à fé.

Permanece, porém, o fato de que "os confins da Terra", para onde o Evangelho deve ser levado, alargam-se cada vez mais, e a sentença de Tertuliano, segundo a qual o Evangelho foi anunciado por toda a Terra e a todos os povos,[67] está ainda longe de se concretizar: a missão *ad gentes* ainda está no começo. Novos povos aparecem no cenário mundial e também eles têm o direito de receber o anúncio da salvação. O crescimento demográfico no Sul e no Oriente, em países não-cristãos, faz aumentar continuamente o número das pessoas que ignoram a redenção de Cristo.

É necessário, portanto, dirigir a atenção missionária para aquelas áreas geográficas e para aqueles ambientes culturais que permaneceram à margem do influxo evangélico. Todos os crentes em Cristo devem sentir, como parte integrante de sua fé, a solicitude apostólica de a transmitir aos outros, pela alegria e luz que ela gera. Essa solicitude deve transformar-se, por assim dizer, em fome e sede de dar a conhecer o Senhor, quando estendemos o olhar para os horizontes imensos do mundo não-cristão.

---

67 Cf. *De Praescriptione haereticorum,* XX: *CCL* I, 201 s.

CAPÍTULO V

OS CAMINHOS DA MISSÃO

41. "A atividade missionária não é nem mais nem menos do que a manifestação ou epifania, e a realização do desígnio de Deus no mundo e na História: pela missão, Deus realiza claramente a história de salvação".[68] Que caminhos segue a Igreja para conseguir este resultado?

A missão é uma realidade unitária, mas complexa, e explica-se de vários modos, alguns dos quais são de particular importância, na presente situação da Igreja e do mundo.

A PRIMEIRA FORMA DE EVANGELIZAÇÃO É O TESTEMUNHO.

42. O homem contemporâneo acredita mais nas testemunhas do que nos mestres,[69] mais na experiência do que na doutrina, mais na vida e nos fatos do que nas teorias. O testemunho da vida cristã é a primeira e insubstituível forma de missão: Cristo, cuja missão nós continuamos, é a "testemunha" por excelência (*Ap* 1,5; 3,14) e o modelo do testemunho cristão. O Espírito Santo

68 CONC. ECUM. VAT. II, Decreto sobre a atividade missionária da Igreja *Ad Gentes*, 9; cf. cap. II, 10-18.

69 Cf. PAULO VI, Exort. Ap. *Evangelii Nuntiandi*, 41: *l.c.*, 31 s.

acompanha o caminho da Igreja, associando-a ao testemunho que ele próprio dá de Cristo (cf. *Jo* 15,26-27).

A primeira forma de testemunho é *a própria vida do missionário, da família cristã e da comunidade eclesial,* que torna visível um novo modo de se comportar. O missionário que, apesar dos seus limites e defeitos humanos, vive com simplicidade, segundo o modelo de Cristo, é um sinal de Deus e das realidades transcendentes. Mas todos, na Igreja, esforçando-se por imitar o divino Mestre, podem e devem dar o mesmo testemunho,[70] que é, em muitos casos, o único modo possível de se ser missionário.

O testemunho evangélico, a que o mundo é mais sensível, é o da atenção às pessoas e o da caridade em favor dos pobres, dos mais pequenos, e dos que sofrem. A gratuidade deste relacionamento e destas ações, em profundo contraste com o egoísmo presente no homem, faz nascer questões precisas, que orientam para Deus e para o Evangelho. Também o compromisso com a paz, a justiça, os direitos do homem, a promoção humana, é um testemunho do Evangelho, caso seja um sinal de atenção às pessoas e esteja ordenado ao desenvolvimento integral do homem.[71]

43. O cristão e as comunidades cristãs vivem profundamente inseridos na vida dos respectivos povos, e são

70 Cf.CONC. ECUM. VAT. II, Const dogm. sobre a Igreja *Lumen Gentium*, 28. 35. 38; Const. past. sobre a Igreja no mundo contemporâneo *Gaudium et Spes*, 43; Decreto sobre a atividade missionária da Igreja *Ad Gentes*, 11-12.

71 Cf. PAULO VI, Carta Enc. *Populorum Progressio* (26/III/1967), 21. 42: *AAS* 59 (1967), 267 s., 278.

também sinal do Evangelho pela fidelidade à sua pátria, ao seu povo, e à sua cultura nacional, sempre, porém, na liberdade que Cristo trouxe. O cristianismo está aberto à fraternidade universal, porque todos os homens são filhos do mesmo Pai e irmãos em Cristo.

A Igreja é chamada a dar o seu testemunho por Cristo, assumindo posições corajosas e proféticas, em face da corrupção do poder político ou econômico; não correndo ela própria atrás da glória e dos bens materiais; usando seus bens para o serviço dos mais pobres e imitando a simplicidade de vida de Cristo. A Igreja e os missionários devem ainda dar o testemunho da humildade, começando por si próprios, ou seja, desenvolvendo a capacidade de exame de consciência, a nível pessoal e comunitário, a fim de corrigirem, em suas atitudes, aquilo que é anti-evangélico e desfigura o rosto de Cristo.

O PRIMEIRO ANÚNCIO DE CRISTO SALVADOR

44. O anúncio tem a prioridade permanente na missão: a Igreja não pode esquivar-se ao mandato explícito de Cristo, não pode privar os homens da "Boa-Nova" de que Deus os ama e salva. "A evangelização conterá sempre — como base, centro e, ao mesmo tempo, vértice do seu dinamismo — uma proclamação clara de que, em Jesus Cristo (...) a salvação é oferecida a cada homem, como dom de graça e de misericórdia do próprio Deus".[72] Todas as formas de atividade missionária tendem para

72 PAULO VI, Exort. Ap. *Evangelii Nuntiandi*, 27: *l.c.*, 23.

esta proclamação que revela e introduz no mistério, desde sempre escondido e agora revelado em Cristo (cf. *Ef* 3,3-9; *Cl* 1,25-29), o qual se encontra no âmago da missão e da vida da Igreja, como ponto fulcral de toda a evangelização.

Na realidade complexa da missão, o primeiro anúncio tem um papel central e insubstituível, porque introduz "no mistério do amor de Deus, que, em Cristo, nos chama a uma estreita relação pessoal com ele"[73] e predispõe a vida para a conversão. A fé nasce do anúncio, e cada comunidade eclesial consolida-se e vive da resposta pessoal de cada fiel a esse anúncio.[74] Como a economia salvífica está centrada em Cristo, assim a atividade missionária tende para a proclamação de seu mistério.

O anúncio tem por objeto Cristo crucificado, morto e ressuscitado: por meio dele realiza-se a plena e autêntica libertação do mal, do pecado e da morte; nele Deus dá a "vida nova", divina e eterna. É esta a "Boa-Nova", que muda o homem e a história da humanidade, e que todos os povos têm o direito de conhecer. Um tal anúncio tem de se inserir no contexto vital do homem e dos povos que o recebem. Além disso, ele deve ser feito numa atitude de amor e de estima a quem o escuta, com uma linguagem concreta e adaptada às circunstâncias. Para isso concorre o Espírito, que instaura uma união

73 CONC. ECUM. VAT. II, Decreto sobre a atividade missionária da Igreja *Ad Gentes*, 13.
74 Cf. PAULO VI, Exort. Ap. *Evangelii Nuntiandi*, 15: *l.c.*, 13-15; CONC. ECUM. VAT. II, Decreto sobre a atividade missionária da Igreja *Ad Gentes*, 13-14.

entre o missionário e os ouvintes, tornada possível enquanto um e os outros, por Cristo, entram em comunhão com o Pai.[75]

45. Sendo feito em união com toda a comunidade eclesial, o anúncio nunca é um fato pessoal. O missionário está presente e atuante em virtude de um mandato recebido, pelo que, mesmo se estiver sozinho, sempre viverá unido, por meio de laços invisíveis mas profundos, à atividade evangelizadora de toda a Igreja.[76] Os ouvintes, mais cedo ou mais tarde, entrevêem, por detrás dele, a comunidade que o enviou e o apóia.

O anúncio é animado pela fé, que gera entusiasmo e ardor no missionário. Como ficou dito, os *Atos dos Apóstolos* definem uma tal atitude com a palavra *parresía*, que significa falar com coragem e desembaraço; o mesmo termo aparece em São Paulo: "Em nosso Deus, encontramos coragem para vos anunciar o Evangelho, no meio de muitos obstáculos" (*1Ts* 2,2). "Rezai também por mim, para que, quando abrir a boca, me seja dado anunciar corajosamente o mistério do Evangelho, do qual, mesmo com as algemas, sou embaixador, e para que tenha a audácia de falar dele como convém" (*Ef* 6,19-20).

Ao anunciar Cristo aos não-cristãos, o missionário está convencido de que existe já, nas pessoas e nos povos, pela ação do Espírito, uma ânsia — mesmo se inconsciente — de conhecer a verdade acerca de Deus, do

75 Cf. Carta Enc. *Dominum et Vivificantem*, 42. 64: *l.c.*, 857-859, 892-894.

76 Cf. PAULO VI, Exort. ap. *Evangelii Nuntiandi*, 60: *l.c.*, 50 s.

homem, do caminho que conduz à libertação do pecado e da morte. O entusiasmo posto no anúncio de Cristo deriva da convicção de responder a tal ânsia, pelo que, o missionário não perde a coragem nem desiste do seu testemunho, mesmo quando é chamado a manifestar sua fé num ambiente hostil ou indiferente. Ele sabe que o Espírito do Pai fala nele (cf. *Mt* 10,17-20; *Lc* 12,11-12), podendo repetir com os apóstolos: "nós somos testemunhas destas coisas, juntamente com o Espírito Santo" (*At* 5,32). Está ciente de que não anuncia uma verdade humana, mas "a Palavra de Deus", dotada de intrínseca e misteriosa força (cf. *Rm* 1,16).

A prova suprema é o dom da vida, até ao ponto de aceitar a morte para testemunhar a fé em Jesus Cristo. Como sempre, na história cristã, os "mártires", isto é, as testemunhas, são numerosas e indispensáveis no caminho do Evangelho. Também em nossa época, há tantos: bispos, sacerdotes, religiosos, religiosas, leigos, tantas vezes heróis desconhecidos que deram a vida para testemunhar a fé. São esses os anunciadores e as testemunhas por excelência.

CONVERSÃO E BATISMO

46. O anúncio da Palavra de Deus visa a *conversão cristã,* isto é, a adesão plena e sincera a Cristo e ao seu Evangelho, mediante a fé. A conversão é dom de Deus, obra da Trindade: é o Espírito que abre as portas dos corações, para que os homens possam acreditar no Se-

nhor e "confessá-lo" (*1Cor* 12,3). Jesus, referindo-se a quem se aproxima dele pela fé, diz: "ninguém pode vir a mim, se o Pai, que me enviou, o não atrair" (*Jo* 6,44).

Desde o início, a conversão exprime-se com uma fé total e radical: não põe limites nem impedimentos ao dom de Deus. Ao mesmo tempo, porém, determina um processo dinâmico e permanente que se prolonga por toda a existência, exigindo uma passagem contínua da "vida segundo a carne" à "vida segundo o Espírito" (cf. *Rm* 8,3-13). Esta significa aceitar, por decisão pessoal, a soberania salvífica de Cristo, tornando-se seu discípulo.

A Igreja chama a todos para esta conversão, a exemplo de João Batista que preparava o caminho para Cristo, "pregando um batismo de conversão, em ordem ao perdão dos pecados" (*Mc* 1,4), e a exemplo do próprio Cristo que, "depois de João ter sido preso, veio para a Galiléia pregar a Boa-Nova de Deus, dizendo: 'Completou-se o tempo, o Reino de Deus está próximo: *arrependei-vos*, e acreditai no Evangelho'" (*Mc* 1,14-15).

Hoje, o apelo à conversão, que os missionários dirigem aos não-cristãos, é posto em discussão ou facilmente deixado no silêncio. Vê-se nele um ato de "proselitismo"; diz-se que basta ajudar os homens a tornarem-se mais homens ou mais fiéis à própria religião, que basta construir comunidades capazes de trabalharem pela justiça, pela liberdade, pela paz, e pela solidariedade. Esquece-se, porém, que toda a pessoa tem o direito de ouvir a "Boa-Nova" de Deus que se revela e se dá em Cristo, para realizar, em plenitude, sua própria vocação. A grandeza deste evento ressoa nas palavras de Jesus à samaritana: "Se tu conhecesses o dom de Deus", e no desejo inconsciente, mas intenso, da mulher: "Senhor, dá-me dessa água, para que eu não tenha mais sede" (*Jo* 4,10.15).

47. Os apóstolos, movidos pelo Espírito Santo, convidaram todos a mudarem de vida, a converterem-se e a receberem o batismo. Logo depois do evento do Pentecostes, Pedro fala, de modo convincente, à multidão: "ao ouvirem aquelas palavras, os presentes sentiram-se emocionados até ao fundo do coração e perguntaram a Pedro e aos outros apóstolos: 'Que havemos de fazer, irmãos?' Pedro respondeu-lhes: '*Convertei-vos* e peça cada um o batismo em nome de Jesus Cristo, para a remissão de seus pecados; recebereis então o dom do Espírito Santo'" (*At* 2,37-38). E, naquele dia, batizou cerca de três mil pessoas. Noutra ocasião, depois da cura de um paralítico, Pedro fala à multidão, dizendo de novo: "*convertei-vos, pois, e mudai de vida, para que sejam apagados os vossos pecados!*" (*At* 3,19).

A conversão a Cristo está ligada ao batismo: está, não só por força da práxis da Igreja, mas por vontade de Cristo, que enviou a fazer discípulos em todas as nações, e a batizá-los (cf. *Mt* 28,19); está, ainda, por intrínseca exigência da recepção em plenitude da vida nova nele: "Em verdade, em verdade, te digo — assim falou Jesus a Nicodemos — quem não nascer da água e do Espírito não pode entrar no Reino de Deus" (*Jo* 3,5). O batismo, de fato, regenera-nos para a vida de filhos de Deus, une-nos a Jesus Cristo e unge-nos no Espírito Santo: aquele não é um simples selo da conversão, à maneira de um sinal exterior que a comprova e atesta; mas é o sacramento que significa e opera este novo nascimento do Espírito, instaura vínculos reais e inseparáveis com a Trindade, torna-nos membros do Corpo de Cristo, que é a Igreja.

Recordamos tudo isto, porque certas pessoas, precisamente onde se realiza a missão *ad gentes,* tendem a separar a conversão a Cristo, do batismo, considerando-o como desnecessário. É verdade que, em certos ambientes, alguns aspectos sociológicos, referentes ao batismo, lhe obscurecem o genuíno significado de fé. Isso se deve a diversos fatores históricos e culturais, que é necessário suprimir onde ainda subsistam, para que o sacramento da regeneração espiritual surja em todo o seu valor: nesta tarefa, empenhem-se as comunidades eclesiais locais. Também é verdade que algumas pessoas se dizem interiormente comprometidas com Cristo e com a sua mensagem, mas sem querer sê-lo sacramentalmente, porque, devido aos seus preconceitos, ou por culpa dos cristãos, não chegam a perceber a verdadeira natureza da Igreja, mistério de fé e de amor.[77] Desejo encorajar estas pessoas a abrirem-se plenamente a Cristo, recordando, a quantos sentem o fascínio de Cristo, que foi ele próprio que quis a Igreja como "lugar" onde, de fato, podem encontrá-lo. Ao mesmo tempo, convido os fiéis e as comunidades cristãs a testemunharem autenticamente Cristo com sua vida nova.

---

77 Cf. CONC. ECUM. VAT. II, Const. dogm. sobre a Igreja *Lumen Gentium,* 6-9.

Cada convertido é, certamente, um dom oferecido à Igreja, mas comporta, também, para ela, uma grave responsabilidade, não só porque ele terá de ser preparado para o batismo com o catecumenato, e depois continuar sua instrução religiosa, mas também porque — especialmente se adulto — traz como que uma energia nova, o entusiasmo da fé, o desejo de encontrar, na própria Igreja, o Evangelho vivido. Seria para ele uma desilusão se, entrando na comunidade eclesial, encontrasse, aí, uma vida sem fervor, privada de sinais de renovação. Não poderemos pregar a conversão, se nós mesmos não nos convertermos todos os dias.

FORMAÇÃO DE IGREJAS LOCAIS

48. A conversão e o batismo inserem na Igreja, onde ela já existe, ou então implicam a constituição de novas comunidades, que confessem Jesus Senhor e Salvador. Isto faz parte do desígnio de Deus, a quem aprouve "chamar os homens a participar de sua própria vida, não um a um, mas constituídos como povo, no qual seus filhos dispersos fossem reconduzidos à unidade".[78]

A missão *ad gentes* tem este objetivo: fundar comunidades cristãs, desenvolver Igrejas até sua completa maturação. Esta é uma meta central e qualificativa da atividade missionária, de tal modo que esta não se pode considerar verdadeiramente concluída, enquanto não ti-

78 CONC. ECUM. VAT. II, Decreto sobre a atividade missionária da Igreja *Ad Gentes,* 2; cf. Const. dogm. sobre a Igreja *Lumen Gentium,* 9.

ver conseguido edificar uma nova Igreja particular, atuando normalmente no ambiente local. Disto fala amplamente o Decreto *Ad Gentes*,[79] e, já depois do Concílio, se consolidou a linha teológica que defende que todo o mistério da Igreja está contido em cada uma das Igrejas particulares, desde que esta não se isole, mas permaneça em comunhão com a Igreja universal e, por sua vez, se faça também missionária. Trata-se de um grande e longo trabalho, onde é difícil indicar as etapas em que cessa a ação propriamente missionária para se passar à atividade pastoral. Mas alguns pontos devem ficar claros.

49. Antes de mais nada, é necessário procurar estabelecer, em cada lugar, comunidades cristãs que sejam "sinal da presença divina no mundo"[80] e cresçam até se tornarem Igrejas. Não obstante o elevado número de dioceses, existem ainda vastas áreas onde as Igrejas locais não se encontram, ou são insuficientes relativamente à vastidão do território e à densidade da população: está ainda por realizar um grande trabalho de implantação e de desenvolvimento da Igreja. Não está terminada esta fase da história eclesial, dita *plantatio Ecclesiae;* pelo contrário, em muitos aglomerados humanos, está ainda por iniciar.

A responsabilidade de tal tarefa recai sobre a Igreja universal e sobre as Igrejas particulares, sobre todo o Povo de Deus e sobre as diversas forças missionárias. Cada Igreja, mesmo aquela que é formada por neocon-

---

79 Cf. Decreto sobre a atividade missionária da Igreja *Ad Gentes,* cap. III, 19-22.
80 *Ibid.,* 15.

vertidos, é, por sua natureza, missionária; é simultaneamente evangelizada e evangelizadora, devendo a fé ser apresentada como dom de Deus, tanto quando se vive em comunidade (família, paróquia, associações) como quando se irradia para o exterior, quer pelo testemunho de vida quer pela palavra. A ação evangelizadora da comunidade cristã, primeiramente no próprio território, e depois, mais além, como participação na missão universal, é o sinal mais claro da maturidade da fé. Impõe-se uma conversão radical da mentalidade para nos tornarmos missionários — e isto vale tanto para os indivíduos como para as comunidades. O Senhor chama-nos constantemente a sairmos de nós próprios, a partilhar com os outros os bens que temos, começando pelo mais precioso, que é a fé. À luz deste imperativo missionário, dever-se-á medir a validade dos organismos, movimentos, paróquias e obras de apostolado da Igreja. Somente tornando-se missionária é que a comunidade cristã conseguirá superar divisões e tensões internas, e reencontrar sua unidade e vigor de fé.

As forças missionárias, vindas de outras Igrejas e países, devem agir em comunhão com as forças locais, no desenvolvimento da comunidade cristã. Em particular, toca àquelas — sempre segundo as diretrizes dos Bispos e em colaboração com os responsáveis locais — promover a difusão da fé e a expansão da Igreja nos ambientes e grupos não-cristãos; cabe-lhes, ainda, animar o sentido missionário das Igrejas locais, para que a preocupação pastoral sempre fique associada, a da missão *ad gentes*. Assim, cada Igreja fará verdadeiramente sua a solicitude de Cristo, o bom Pastor, que se prodigaliza por seu rebanho, mas pensa, ao mesmo tempo, nas "outras ovelhas que não são deste aprisco" (*Jo* 10,16).

50. Tal solicitude constituirá motivo e estímulo para um renovado empenho ecumênico. Os laços existentes entre a *atividade ecumênica* e a *atividade missionária* tornam necessário considerar dois fatores relativos a elas. Por um lado, temos de reconhecer que "a divisão dos cristãos prejudica a santíssima causa de pregar o Evangelho a toda a criatura e fecha a muitos o acesso à fé".[81] Na verdade, o fato de a Boa-Nova da reconciliação ser proclamada por cristãos, que entre si se apresentam divididos, debilita o seu testemunho, e, por isso, é urgente trabalhar pela unidade dos cristãos, para que a atividade missionária possa ser mais incisiva. Ao mesmo tempo, não devemos esquecer que o próprio esforço em direção à unidade constitui, por si, um sinal da obra de reconciliação que Deus realiza no meio de nós.

Por outro lado, é verdade, também, que todos aqueles que receberam o batismo em Cristo estão constituídos numa certa comunhão entre si, embora não perfeita. É sobre esta base que se fundamenta a orientação dada pelo Concílio: "Os católicos, banindo toda a forma de indiferentismo, de sincretismo e odiosa rivalidade, colaborem com os irmãos separados, em conformidade com as disposições do decreto sobre o Ecumenismo, por meio da comum profissão de fé em Deus e em Jesus Cristo,

81 *Ibid.,* 6

diante dos gentios, na medida do possível, e pela cooperação em questões sociais e técnicas, culturais e religiosas".[82]

A atividade ecumênica e o testemunho comum de Jesus Cristo, dado pelos cristãos pertencentes a diversas Igrejas e comunidades eclesiais, produziu já abundantes frutos, mas é ainda mais urgente que colabore e testemunhem, de comum acordo, neste tempo em que seitas cristãs e paracristãs semeiam a confusão com sua ação. A expansão dessas seitas constitui uma ameaça para a Igreja Católica e para todas as comunidades eclesiais com quem ela mantém um diálogo. Onde for possível e segundo as circunstâncias locais, a resposta dos cristãos poderá também ser ecumênica.

AS "COMUNIDADES ECLESIAIS DE BASE", FORÇA DE EVANGELIZAÇÃO

51. Um fenômeno, com crescimento rápido nas jovens Igrejas, promovido pelos bispos ou mesmo pelas Conferências episcopais, por vezes como opção prioritária da pastoral, são as comunidades eclesiais de base (conhecidas, também, por outros nomes), que estão dando boas provas como centros de formação cristã e de irradiação missionária. Trata-se de grupos de cristãos, a nível familiar ou de ambientes restritos, que se encontram para a oração, a leitura da Sagrada Escritura, a catequese, para a partilha dos problemas humanos e eclesiais, em vista

82 *Ibid.*, 15; cf. Decreto sobre o ecumenismo *Unitatis Redintegratio* 3.

de um compromisso comum. Elas são um sinal da vitalidade da Igreja, instrumento de formação e evangelização, um ponto de partida válido para uma nova sociedade, fundada na "civilização do amor".

Tais comunidades descentralizam e, simultaneamente, articulam a comunidade paroquial, à qual sempre permanecem unidas; radicam-se em ambientes simples das aldeias, tornando-se fermento de vida cristã, de atenção aos "últimos", de empenho na transformação da sociedade. O indivíduo cristão faz nelas uma experiência comunitária, onde ele próprio se sente um elemento ativo, estimulado a dar a sua colaboração para proveito de todos. Deste modo, elas tornam-se instrumento de evangelização e de primeiro anúncio, bem como fonte de novos ministérios; enquanto, animadas pela caridade de Cristo, oferecem uma indicação sobre o modo de superar divisões, tribalismos, racismos.

De fato, cada comunidade, para ser cristã, deve fundar-se e viver em Cristo, na escuta da Palavra de Deus, na oração onde a Eucaristia ocupa o lugar central, na comunhão expressa pela unidade de coração e de alma, e pela partilha conforme as necessidades dos vários membros (cf. *At* 2,42-47). Toda a comunidade — recordava Paulo VI — deve viver em unidade com a Igreja particular e universal, na comunhão sincera com os Pastores e o Magistério, empenhada na irradiação missionária e evitando fechar-se em si mesma ou deixar-se instrumentalizar ideologicamente.[83] O Sínodo dos bispos afirmou: "Uma vez que a Igreja é comunhão, as

---

83 Cf. Exort. Ap. *Evangelii Nuntiandi*, 58: *l.c.*, 46-49.

novas comunidades de base, se verdadeiramente vivem em unidade com a Igreja, representam uma verdadeira expressão de comunhão e um meio eficaz para construir uma comunhão ainda mais profunda. Por isso, são um motivo de grande esperança para a vida da Igreja".[84]

ENCARNAR O EVANGELHO NAS CULTURAS DOS POVOS

52. Desenvolvendo sua atividade missionária no meio dos povos, a Igreja encontra várias culturas, vendo-se envolvida no processo de inculturação. Esta constitui uma exigência que marcou todo o seu caminho histórico, mas hoje é particularmente aguda e urgente.

O processo de inserção da Igreja, nas culturas dos povos, requer, um tempo longo: é que não se trata de uma mera adaptação exterior, já que a inculturação "significa a íntima transformação dos valores culturais autênticos, pela sua integração no cristianismo e o enraizamento do cristianismo nas várias culturas".[85] Trata-se, pois, de um processo profundo e globalizante que integra tanto a mensagem cristã como a reflexão e a práxis da Igreja. Mas é, também um processo difícil, porque não pode comprometer de modo algum, a especificidade e a integridade da fé cristã.

Pela inculturação, a Igreja encarna o Evangelho nas diversas culturas e, simultaneamente, introduz os povos,

---

84 Assembléia Extraordinária, em 1985, *Relação final,* II, C, 6.
85 *Ibid.,* II, D, 4.

com suas culturas, na sua própria comunidade,[86] transmitindo-lhes seus próprios valores, assumindo o que de bom nelas existe, e renovando-as a partir de dentro.[87] Por sua vez, a Igreja, com a inculturação, torna-se um sinal mais transparente daquilo que realmente ela é, e um instrumento mais apto para a missão.

Graças a esta ação das Igrejas locais, a própria Igreja universal se enriquece com novas expressões e valores nos diversos setores da vida cristã, tais como a evangelização, o culto, a Teologia, a caridade; conhece e exprime, cada vez melhor, o mistério de Cristo, e é estimulada a uma renovação contínua. Estes temas, presentes no Concílio e no Magistério sucessivo, eu os tenho afrontado, repetidamente, nas minhas visitas pastorais às jovens Igrejas.[88]

A inculturação é um caminho lento, que acompanha toda a vida missionária e que responsabiliza os vários agentes da missão *ad gentes,* as comunidades cristãs à medida que se vão desenvolvendo, e os Pastores que têm a responsabilidade de discernimento e de estímulo em sua realização.[89]

---

86 Cf. Exort. Ap. *Catechesi Tradendae* (16/X/1979), 53: *AAS* 71 (1979), 1320; Epist. Enc. *Slavorum Apostoli* (2/VI/1985), 21: *AAS* 77 (1985), 802 s.

87 Cf. PAULO VI, Exort. Ap. *Evangelii Nuntiandi,* 20: *l.c.,* 18 s.

88 Cf. Discurso aos bispos do Zaire, em Kinshasa, a 3 de maio de 1980, 4-6: *AAS* 72 (1980), 432-435; Discurso aos bispos do Quénia, em Nairóbi, a 7 de maio de 1980, 6: *AAS* 72 (1980), 497; Discurso aos bispos da Índia, em Nova Délhi, a 1 de fevereiro de 1986, 5: *AAS* 78 91986), 748 s.; Homilia em Cartagena, a 6 de julho de 1986, 7-8 *AAS* 79 (1987), 105 s.; cf. também Carta Enc. *Slavorum Apostoli,* 21-22: *l.c.,* 802-804.

89 CONC. ECUM. VAT. II, Decreto sobre a atividade missionária da Igreja *Ad Gentes,* 22.

53. Os missionários, provenientes de outras Igrejas e países, devem inserir-se no mundo sociocultural daqueles a quem são enviados, superando os condicionalismos do próprio ambiente de origem. Assim, torna-se necessário aprender a língua da região onde trabalham, conhecer as expressões mais significativas de sua cultura, descobrindo seus valores, por experiência direta. Eles só poderão levar aos povos, de maneira crível e frutuosa, o conhecimento do mistério escondido (cf. *Rm* 16,25-27; *Ef* 3,5), mediante aquela aprendizagem. Não se trata, por certo, de renegar a própria identidade cultural, mas de compreender, estimar, promover e evangelizar a do ambiente em que atuam e, deste modo, conseguir realmente comunicar-se com ele, assumindo um estilo de vida que seja sinal de testemunho evangélico e de solidariedade com o povo.

As comunidades eclesiais em formação, inspiradas pelo Evangelho, poderão exprimir, progressivamente, a própria experiência cristã, em modos e formas originais, em consonância com as próprias tradições culturais, embora sempre em sintonia com as exigências objetivas da própria fé. Para isso, especialmente no que toca aos setores mais delicados da inculturação, as Igrejas particulares do mesmo território devem trabalhar em comunhão entre si[90] e com toda a Igreja, certas de que só a atenção tanto à Igreja universal como à Igreja particular as tornará capazes de traduzirem o tesouro da fé, na legítima variedade de suas expressões.[91] Portanto, os grupos evan-

90 Cf. *ibid.*, 22.
91 Cf. PAULO VI, Exort. Ap. *Evangelii Nuntiandi*, 64: *l.c.*, 55.

gelizados oferecerão os elementos para uma "tradução" da mensagem evangélica,[92] tendo presente os contributos positivos provenientes do contato do cristianismo com as várias culturas, ao longo dos séculos, mas sem nunca esquecer os perigos de alteração, que, de quando em vez, nos tentam.[93]

54.   A propósito disto, continuam fundamentais algumas indicações. A inculturação, em seu correto desenvolvimento, deve ser guiada por dois princípios: "a compatibilidade com o Evangelho e a comunhão com a Igreja universal".[94] Os bispos, defensores do "depósito da fé", velarão pela fidelidade e, sobretudo, pelo discernimento,[95] para o qual se requer um profundo equilíbrio: de fato, corre-se o risco de se passar, acriticamente, de um alheamento da cultura para uma supervalorização da mesma, que não deixa de ser um produto do homem e, como tal, está marcada pelo pecado. Também ela deve ser "purificada, elevada, e aperfeiçoada".[96]

Um tal processo requer gradualidade, para que seja verdadeiramente uma expressão da experiência cristã da

92   As Igrejas particulares "têm a missão de assimilar o essencial da mensagem evangélica, de o traduzir, sem a mínima alteração da sua verdade fundamental, na linguagem que estes homens compreendem, e depois, anunciá-lo nessa mesma linguagem... O termo "linguagem" deve ser entendido, aqui, não tanto no sentido semântico ou literário, como, sobretudo, naquele que podemos designar antropológico ou cultural" (*Ibid.,* 63: *l.c.,* 53).

93   Cf. Discurso na Audiência Geral de 13 de abril de 1988: *Insegnamenti* XI/1 (1988), 877-881.

94   Exort. Ap. *Familiaris Consortio* (22/XI/1981), 10, que trata da inculturação "no âmbito do matrimônio e da família": *AAS* 74 (1982), 91.

95   Cf. PAULO VI, Exort. Ap. *Evangelii Nuntiandi,* 63-65: *l.c.,* 53-56.

96   CONC. ECUM. VAT. II, Const. dogm. sobre a Igreja *Lumen Gentium,* 17.

comunidade: "será necessária uma incubação do mistério cristão no caráter do vosso povo — dizia Paulo VI em Kampala — para que sua voz nativa, mais límpida e franca, se levante harmoniosa, no coro das vozes da Igreja universal".[97] Enfim, a inculturação deve envolver todo o povo de Deus e não apenas alguns peritos, dado que o povo reflete aquele sentido da fé, que nunca se deve perder de vista. Ela seja guiada e estimulada, mas nunca forçada, para não provocar reações negativas nos cristãos: deve ser uma expressão da vida comunitária, ou seja, amadurecida no seio da comunidade, e não fruto exclusivo de investigações eruditas. A salvaguarda dos valores tradicionais é efeito de uma fé madura.

O DIÁLOGO
COM OS IRMÃOS DE OUTRAS RELIGIÕES

55. O diálogo inter-religioso faz parte da missão evangelizadora da Igreja. Entendido como método e meio para um conhecimento e enriquecimento recíproco, ele não está em contraposição com a missão *ad gentes;* pelo contrário, tem laços especiais com ela, e constitui uma sua expressão. Na verdade, a missão tem por destinatários os homens que não conhecem Cristo e o seu Evangelho, e pertencem, em sua grande maioria, a outras religiões. Deus atrai a si todos os povos, em Cristo, desejando comunicar-lhes a plenitude de sua revelação e de seu amor. Ele não deixa de se tornar presente, de tantos

97 Dircurso aos participantes no Simpósio dos Bispos da África, em Kampala, a 31 de julho de 1969, 2: *AAS* 61 (1969), 577.

modos, quer aos indivíduos quer aos povos, através das suas riquezas espirituais, cuja principal e essencial expressão são as religiões, mesmo se contêm também "lacunas, insuficiências e erros".[98] Tudo isto foi amplamente sublinhado pelo Concílio e pelo Magistério sucessivo, sem nunca deixar de afirmar que *a salvação vem de Cristo, e o diálogo não dispensa a evangelização*.[99]

À luz do plano de salvação, a Igreja não vê contraste entre o anúncio de Cristo e o diálogo inter-religioso; sente necessidade, porém, de conjugá-los no âmbito da sua missão *ad gentes*. De fato, é necessário que esses dois elementos mantenham seu vínculo íntimo e, ao mesmo tempo, a sua distinção, para que não sejam confundidos, instrumentalizados, nem considerados equivalentes, a ponto de se puderem substituir entre si.

Recentemente, escrevi aos bispos da Ásia: "mesmo reconhecendo a Igreja, de bom grado, o quanto há de verdadeiro e de santo nas tradições religiosas do Budismo, do Induísmo e do Islão — reflexos daquela verdade que ilumina todos os homens —, isso não diminui

---

98 PAULO VI, Discurso na Abertura da II Sessão do Conc. Ecum. Vat. II, a 29 de setembro de 1963: *AAS* 55 (1963), 858; cf. CONC. ECUM. VAT. II, Declaração sobre as relações da Igreja com as religiões não-cristãs *Nostra Aetate*, 2; Const. dogm. sobre a Igreja *Lumen Gentium*, 16; Decreto sobre a atividade missionária da Igreja *Ad Gentes*, 9; PAULO VI, Exort. Ap. *Evangelii Nuntiandi*, 53: *l.c.*, 41 s.

99 Cf. PAULO VI, Carta Enc. *Ecclesiam Suam* (6/XII/1964): *AAS* 56 (1964), 609-659; CONC. ECUM. VAT. II, Declaração sobre as relações da Igreja com as religiões não-cristãs *Nostra Aetate;* Decreto sobre a atividade missionária da Igreja *Ad Gentes*, 11. 41; SECRETARIADO PARA OS NÃO-CRISTÃOS. *A atitude da Igreja em face dos sequazes de outras religiões: reflexões e orientações do diálogo e missão* (4/IX/1984): *AAS* 76 (1984), 816-828.

seu dever e sua determinação de proclamar, sem hesitações, Jesus Cristo que é 'o Caminho, a Verdade, e a Vida' (...) O fato de os crentes de outras religiões poderem receber a graça de Deus e serem salvos por Cristo, independentemente dos meios normais por ele estabelecidos, não suprime, de fato, o apelo à fé e ao batismo que Deus dirige a todos os povos".[100] Na verdade, o próprio Senhor, "ao inculcar expressamente a necessidade da fé e do batismo, ao mesmo tempo corroborou *a necessidade da Igreja,* na qual os homens entram pela porta do batismo".[101] O diálogo deve ser conduzido e realizado com a convicção de que *a Igreja é o caminho normal de salvação* e que *só ela* possui a plenitude dos meios de salvação.[102]

56.   O diálogo não nasce de táticas ou de interesses, mas é uma atividade que apresenta motivações, exigências, dignidade própria: é exigido pelo profundo respeito por tudo o que o Espírito, que sopra onde quer, operou em cada homem.[103] Por ele, a Igreja pretende descobrir as "sementes do Verbo",[104] os "fulgores daquela verdade que

100   Carta aos bispos da Ásia, por ocasião da Vª Assembléia Plenária da Federação de suas Conferências Episcopais (23/VI/1990), 4: *L'Osservatore Romano,* de 18 de julho de 1990.
101   CONC. ECUM. VAT. II, Const. dogm. sobre a Igreja *Lumen Gentium,* 14; cf. Decreto sobre a atividade missionária da Igreja *Ad Gentes,* 7.
102   Cf. CONC. ECUM. VAT. II, Decreto sobre o ecumenismo *Unitatis Redintegratio,* 3; Decreto sobre a atividade missionária da Igreja *Ad Gentes,* 7.
103   Cf. Carta Enc. *Redemptor Hominis,* 12: *l.c.,* 279.
104   CONC. ECUM. VAT. II, Decreto sobre a atividade missionária da Igreja *Ad Gentes,* 11. 15.

ilumina todos os homens"[105] — sementes e fulgores que se abrigam nas pessoas e nas tradições religiosas da humanidade. O diálogo fundamenta-se sobre a esperança e a caridade, e produzirá frutos no Espírito. As outras religiões constituem um desafio positivo para a Igreja: estimulam-na, efetivamente, quer a descobrir e a reconhecer os sinais da presença de Cristo e da ação do Espírito, quer a aprofundar a própria identidade e a testemunhar a integridade da revelação, da qual é depositária para o bem de todos.

Daqui deriva o espírito que deve animar um tal diálogo, no contexto da missão. O interlocutor deve ser coerente com as próprias tradições e convicções religiosas, e disponível para compreender as do outro, sem dissimulações nem restrições, mas com verdade, humildade e lealdade, sabendo que o diálogo pode enriquecer a ambos. Não deve haver qualquer abdicação nem irenismo, mas o testemunho recíproco em ordem a um progresso comum, no caminho da procura e da experiência religiosa, e, simultaneamente, em vista do superamento de preconceitos, intolerâncias e mal-entendidos. O diálogo tende à purificação e conversão interior que, se for realizada na docilidade ao Espírito, será espiritualmente frutuosa.

57. Ao diálogo, abre-se um vasto campo, podendo ele assumir múltiplas formas e expressões: desde o intercâmbio entre os peritos de tradições religiosas ou com seus representantes oficiais, até à colaboração no desen-

---

105 CONC. ECUM. VAT. II, Declaração sobre as relações da Igreja com as religiões não-cristãs *Nostra Aetate*, 2.

volvimento integral e na salvaguarda dos valores religiosos; desde a comunicação das respectivas experiências espirituais, até o denominado "diálogo de vida", pelo qual os crentes das diversas religiões mutuamente testemunham, na existência cotidiana, os próprios valores humanos e espirituais, ajudando-se a vivê-los em ordem à edificação de uma sociedade mais justa e fraterna.

Todos os fiéis e comunidades cristãs são chamadas a praticar o diálogo, embora não — no mesmo grau e forma. Para isso, é indispensável o contributo dos leigos, que "com o exemplo de sua vida e com a própria ação podem favorecer a melhoria das relações entre os crentes das diversas religiões"[106] enquanto alguns deles poderão mesmo oferecer uma ajuda na pesquisa e no estudo.[107]

Sabendo que muitos missionários e comunidades cristãs encontram, no caminho difícil e, por vezes, incompreendido do diálogo, a única maneira de prestar um sincero testemunho de Cristo e um generoso serviço ao homem, desejo encorajá-los a perseverar com fé e caridade, mesmo onde seus esforços não encontrem acolhimento nem resposta. O diálogo é um caminho que conduz ao Reino e, certamente, dará frutos, mesmo se os tempos e os momentos estão reservados ao Pai (cf. *At* 1,7).

---

106 Exort. Ap. pós-sinodal *Christifideles Laici*, 35: *l.c.*, 458.
107 Cf. CONC. ECUM. VAT. II, Decreto sobre a atividade missionária da Igreja *Ad Gentes*, 41.

PROMOVER O DESENVOLVIMENTO, EDUCANDO AS CONSCIÊNCIAS

58. A missão *ad gentes* desenvolve-se, ainda hoje, em sua maior parte, nas regiões do hemisfério Sul, onde é mais urgente a ação em favor do desenvolvimento integral e da libertação de toda a opressão. A Igreja sempre soube suscitar, nas populações que evangelizou, o impulso para o progresso, e os missionários, hoje mais do que no passado, são reconhecidos também como *promotores de desenvolvimento* por governos e peritos internacionais, que ficam admirados do fato de obterem notáveis resultados com escassos meios.

Na Encíclica *Sollicitudo Rei Socialis,* afirmei que "a Igreja não tem soluções técnicas para resolver o sub-desenvolvimento como tal", mas "dá o primeiro contributo para a solução do urgente problema do progresso, quando proclama a verdade acerca de Cristo, de si própria e do homem, aplicando-a a uma situação concreta".[108] A Conferência dos Bispos latino-americanos, em Puebla, afirmou que "o melhor serviço ao irmão é a evangelização, a qual o predispõe a realizar-se como filho de Deus, liberta-o da injustiça e promove-o integralmente".[109] A missão da Igreja não é a intervenção direta no plano econômico, técnico, político ou do contributo material para o desenvolvimento, mas consis-

108 Carta Enc. *Sollicitudo Rei Socialis* (30/XII/1987), 41: *AAS* 80 (1988), 570 s.
109 Documentos da III Conferência Geral do Episcopado latino-americano, em Puebla (1979), 3760 (1145).

te, essencialmente, em oferecer aos povos não um "ter mais", e sim, um "ser mais", despertando as consciências com o Evangelho. "O progresso humano autêntico deve assentar suas raízes sobre uma evangelização cada vez mais profunda."[110]

A Igreja e os missionários são também promotores de desenvolvimento com suas escolas, hospitais, tipografias, universidades, explorações agrícolas experimentais. O progresso de um povo, porém, não deriva primeiramente do dinheiro, nem dos auxílios materiais nem das estruturas técnicas, mas, sobretudo, da formação das consciências, do amadurecimento das mentalidades e dos costumes. *O homem é que é o protagonista do desenvolvimento,* não o dinheiro ou a técnica. A Igreja educa as consciências, revelando aos povos aquele Deus que procuram sem o conhecer, a grandeza do homem criado à imagem de Deus e por ele amado, a igualdade de todos os homens, enquanto filhos de Deus, o domínio sobre a natureza criada e posta ao serviço do homem, o dever de se empenhar no progresso do homem todo e de todos os homens.

59. Com a mensagem evangélica, a Igreja oferece uma força libertadora e criadora de desenvolvimento, exatamente porque leva à conversão do coração e da mentalidade, faz reconhecer a dignidade de cada pessoa, predispõe à solidariedade, ao compromisso e ao serviço dos irmãos, insere o homem no projeto de Deus, que é a

---

110 Discurso aos bispos, sacerdotes, religiosas e religiosos, em Jacarta, a 10 de outubro de 1989, 5: *L'Osservatore Romano* de 11 de outubro de 1989.

construção do Reino de paz e de justiça, já a partir desta vida. É a perspectiva bíblica dos "novos céus e da nova Terra" (cf. *Is* 65,17; *2Pd* 3,13; *Ap* 21,1), a qual inseriu na História, o estímulo e a meta para o avanço da humanidade. O progresso do homem vem de Deus, do modelo Jesus e deve conduzir a Deus.[111] Eis porque, entre anúncio evangélico e promoção do homem, existe uma estreita conexão.

O contributo da Igreja e de sua obra evangelizadora para o desenvolvimento dos povos não se restringe apenas ao hemisfério Sul, visando combater, aí, a miséria material e o subdesenvolvimento, mas envolve também o Norte, que está exposto à miséria moral e espiritual, causada pelo "superdesenvolvimento".[112] Uma certa concepção a-religiosa da vida moderna, dominante em algumas partes do mundo, está baseada na idéia de que, para tornar o homem mais homem, basta enriquecer e elevar o crescimento técnico e econômico. Todavia, um desenvolvimento sem alma não pode bastar ao homem, e o excesso de opulência é tão nocivo quanto o excesso de pobreza. O hemisfério Norte construiu um "modelo de desenvolvimento" e quer difundi-lo para o Sul, onde o sentido de religiosidade e os valores humanos, que ali existem, correm o risco de serem submersos pela vaga do consumismo.

---

111 Cf. PAULO VI, Carta Enc. *Populorum Progressio,* 14-21. 40-42: *l.c.,* 264-268, 277 s.; JOÃO PAULO II, Carta Enc. *Sollicitudo Rei Socialis,* 27-41: *l.c.,* 547-572.
112 Cf. Carta Enc. *Sollicitudo Rei Socialis,* 28: *l.c.,* 548-550.

"Contra a fome: muda de vida" é um lema, nascido em ambientes eclesiais, que indica, aos povos ricos, o caminho para se tornarem irmãos dos pobres: é preciso voltar a uma vida mais austera que favoreça um novo modelo de progresso, atento aos valores éticos e religiosos. A atividade missionária leva aos pobres a luz e o estímulo para o verdadeiro progresso, enquanto a nova evangelização, entre outras tarefas, deve criar, nos ricos, a consciência de que chegou o momento de se tornarem realmente irmãos dos pobres, na conversão comum ao "progresso integral", aberto ao Absoluto.[113]

A CARIDADE, FONTE E CRITÉRIO DA MISSÃO

60. "A Igreja, em todo o mundo, — afirmei durante minha visita ao Brasil — quer ser a Igreja dos pobres. Ela deseja extrair toda a verdade contida nas bem-aventuranças, e em particular, na primeira: "Bem-aventurados os pobres em espírito...". Ela quer ensinar e pôr em prática esta verdade, como Jesus, que veio fazer e ensinar."[114]

As jovens Igrejas, que, em sua maioria, vivem no meio de povos que sofrem de uma enorme pobreza, referem, muitas vezes esta preocupação como parte integrante da sua missão. A Conferência dos Bispos latino-

113 Cf. *ibid.,* cap. IV, 27-34: *l.c.,* 547-560; PAULO VI, Carta Enc. *Populorum Progressio,* 19-21. 41-42: *l.c.,* 266-268, 277 s.

114 Discurso aos habitantes da favela do Vidigal, no Rio de Janeiro, a 2 de julho de 1980, 4: *AAS* 72 (1980), 854.

americanos, em Puebla, depois de ter recordado o exemplo de Jesus, escreve que "os pobres merecem uma atenção preferencial, seja qual for a situação moral ou pessoal em que se encontrem. Criados à imagem e semelhança de Deus, para serem seus filhos, essa imagem está ofuscada e até ultrajada. Por isso, Deus toma sua defesa e os ama. Daí resulta que os primeiros destinatários da missão são os pobres, sendo sua evangelização, sinal e prova, por excelência, da missão de Jesus".[115]

Fiel ao espírito das bem-aventuranças, a Igreja é chamada à partilha com os pobres e oprimidos de qualquer gênero. Assim, exorto os discípulos de Cristo e as comunidades cristãs, desde as famílias às dioceses, das paróquias aos institutos religiosos, a fazerem uma sincera revisão da própria vida, na perspectiva da solidariedade com os pobres. Ao mesmo tempo, agradeço aos missionários que, com sua presença amorosa e seu serviço humilde, trabalham para o desenvolvimento integral da pessoa e da sociedade, levantando escolas, centros sanitários, leprosários, casas de assistência para deficientes físicos e anciãos, iniciativas para a promoção da mulher. Agradeço, em particular, às religiosas, aos irmãos e aos leigos missionários, por sua dedicação, enquanto encorajo os voluntários de organizações não-governamentais, hoje cada vez mais numerosos, que se dedicam a estas obras de caridade e de promoção humana.

De fato, são essas "obras de caridade" que dão testemunho da alma de toda a atividade missionária: *o amor,*

---

115 Documentos da III Conferência Geral do Episcopado latino-americano, em Puebla, 3757 (1142).

que é e permanece o verdadeiro motor da missão, constituindo também "o único critério pelo qual tudo deve ser feito ou deixado de fazer, mudado ou mantido. É o princípio que deve dirigir cada ação, e o fim para o qual deve tender. Agindo na perspectiva da caridade ou inspirados pela caridade, nada é impróprio, e tudo é bom".[116]

116 ISAAC DE STELLA, *Sermone* 31: *PL* 194, 1793.

CAPÍTULO VI

OS RESPONSÁVEIS
E OS AGENTES
DA PASTORAL MISSIONÁRIA

61. Não existe testemunho, sem testemunhas, como não há missão, sem missionários. Com a finalidade de colaborarem em sua missão e continuarem a sua obra salvífica, Jesus escolhe e envia pessoas como suas testemunhas e apóstolos: "Sereis minhas testemunhas em Jerusalém, em toda a Judéia e Samaria, e até os confins do mundo" (*At* 1,8).

Os Doze são os primeiros agentes da missão universal: eles constituem um "sujeito colegial" da missão, foram escolhidos por Jesus para permanecerem com ele e serem enviados "às ovelhas perdidas da casa de Israel" (*Mt* 10,6). Esta colegialidade não impede que, dentro do grupo, se destaquem figuras como Tiago, João, e sobretudo Pedro, o qual ganhou tal relevo que se tornou usual a expressão: "Pedro e os outros apóstolos" (*At* 2,14.37). Graças a ele, abrem-se os horizontes da missão universal, onde, depois, sobressairá Paulo, que, por vontade divina, foi chamado e enviado aos gentios (cf. *Gl* 1,15-16).

Na expansão missionária das origens, encontramos, ao lado dos apóstolos, outros agentes menos conhecidos, que não podemos esquecer: são pessoas, grupos, comunidades. Um típico exemplo de Igreja local é a comunidade de Antioquia, que de evangelizada passa a evangelizadora, enviando seus missionários aos gentios (cf. *At* 13,2-3). A Igreja primitiva vive a missão como tarefa comunitária, embora reconheça, no seu seio, "enviados especiais" ou "missionários consagrados aos pagãos", como no caso de Paulo e Barnabé.

62. Tudo quanto, no início do cristianismo, se fez pela missão universal, conserva, ainda hoje, sua validade e urgência. *A Igreja é, por sua natureza, missionária,* porque o mandato de Cristo não é algo de contingente e exterior, mas atinge o próprio coração da Igreja. Segue-se, daí, que a Igreja toda e cada uma das Igrejas é enviada aos não-cristãos. Mesmo as Igrejas mais jovens, precisamente "para este zelo missionário florescer nos membros de sua pátria", devem "participar, o quanto antes, e de fato, na missão universal da Igreja, enviando também elas, por todo o mundo, missionários para pregar o Evangelho, mesmo que tenham escassez de clero".[117] Muitas já o fazem: eu as encorajo, vivamente, a continuar.

Neste vínculo essencial de comunhão entre a Igreja universal e as Igrejas particulares, exercita-se o seu autêntico e pleno caráter missionário. "Num mundo que, com a diminuição das distâncias, se torna cada vez menor, as comunidades eclesiais devem coligar-se entre si,

---

117 CONC. ECUM. VAT. II, Decreto sobre a atividade missionária da Igreja *Ad Gentes,* 20.

trocando energias e meios, empenhar-se, conjuntamente, na única e comum missão de anunciar e viver o Evangelho (...) As Igrejas denominadas jovens (...) têm necessidade da força das antigas, enquanto estas precisam do testemunho e do estímulo das mais jovens, de tal modo que cada Igreja possa haurir da riqueza das outras Igrejas".[118]

OS PRIMEIROS RESPONSÁVEIS DA ATIVIDADE MISSIONÁRIA

63. Como o Senhor ressuscitado confiou o mandato da missão universal ao colégio apostólico, com Pedro à frente, assim essa responsabilidade incumbe, antes de mais nada, ao colégio dos bispos, tendo à sua frente o sucessor de Pedro.[119] Consciente desta responsabilidade, no encontro com os bispos, sinto o dever de partilhá-la em ordem, tanto à nova evangelização como à missão universal. Pus-me a caminho pelas estradas do mundo, "para anunciar o Evangelho, para 'confirmar os irmãos' na fé, para consolar a Igreja, para ir ao encontro do homem. São viagens de fé... São outras tantas ocasiões de catequese itinerante, de anúncio evangélico alargado a todas as latitudes, e de Magistério apostólico ampliado até os hodiernos espaços planetários".[120]

118 Exort. Ap. pós-sinodal *Christifideles Laici*, 35: *l.c.*, 458.
119 Cf. CONC. ECUM. VAT. II, Decreto sobre a atividade missionária da Igreja *Ad Gentes*, 38.
120 Discurso aos membros do Sacro Colégio e a todos os colaboradores da Cúria Romana, da Cidade do Vaticano e do Vicariato de Roma, em 28 de junho de 1980, 10: *Insegnamenti* III/1 (1980), 1887.

Os irmãos bispos são, comigo, diretamente responsáveis pela evangelização do mundo, quer como membros do colégio episcopal, quer como pastores das Igrejas particulares. O Concílio declara, a propósito disto: "O cuidado de anunciar o Evangelho, em toda a Terra, pertence ao colégio dos pastores, aos quais, em comum, Cristo deu o mandato".[121] O Concílio afirma, também, que os bispos "foram consagrados não apenas para uma diocese, mas para a salvação de todo o mundo".[122] Esta responsabilidade colegial tem conseqüências práticas. Do mesmo modo "o Sínodo dos Bispos, entre suas obrigações de ordem geral, deve seguir, com particular solicitude, a atividade missionária, que constitui o dever mais alto e sagrado da Igreja".[123] A mesma responsabilidade se reflete, em graus diferentes, nas Conferências episcopais e nos seus organismos a nível continental, que, por isso mesmo, têm um contributo próprio a oferecer ao compromisso missionário.[124]

Vasto é, também, o trabalho missionário de cada bispo, enquanto pastor de uma Igreja particular. Cabe-lhe, "como cabeça e centro unificador do apostolado diocesano, promover, dirigir e coordenar a atividade missionária... Procure, também, que a atividade apostólica não fique limitada apenas aos convertidos, mas uma parte razoável de missionários e de subsídios seja destinada à evangelização dos não-cristãos".[125]

---

121 Const. dogm. sobre a Igreja *Lumen Gentium,* 23.
122 Decreto sobre a atividade missionária da Igreja *Ad Gentes,* 38.
123 *Ibid.,* 29.
124 Cf. *ibid.,* 38.
125 *Ibid.,* 30.

64. Cada Igreja particular deve abrir-se generosamente, às necessidades das outras. A colaboração entre as Igrejas, numa efetiva reciprocidade que lhes permite dar e receber, é também fonte de enriquecimento para todas, e estende-se a vários setores da vida eclesial. A propósito disto, serve de exemplo a declaração dos bispos, em Puebla: "Chegou, finalmente, a hora de a América Latina (...) se lançar em missão para além de suas fronteiras, *ad gentes*. É verdade que nós próprios temos ainda necessidade de missionários, mas devemos dar da nossa pobreza".[126]

Com este espírito, convido os bispos e as Conferências episcopais a atuarem, generosamente, tudo quanto está sugerido na *Nota diretiva* que a Congregação do Clero emanou, visando a colaboração entre as Igrejas particulares e, especialmente, a melhor distribuição de clero no mundo.[127]

A missão da Igreja é mais vasta que a "comunhão entre as Igrejas": esta deve ser orientada não só para auxiliar a re-evangelização, mas também e, sobretudo, na direção da ação missionária específica. Dirijo meu apelo a todas as Igrejas, jovens e antigas, para partilharem comigo esta preocupação, incrementando as vocações missionárias e superando suas próprias dificuldades.

126 Documentos da III Conferência Geral do Episcopado latino-americano, em Puebla, 2941 (368).

127 Cf. Notas diretivas para a promoção da mútua cooperação entre as Igrejas particulares e em especial para uma distribuição mais correta do Clero *Postquam Apostoli* (25/III/1980): *AAS* 72 (1980), 343-364.

MISSIONÁRIOS E INSTITUTOS *AD GENTES*

65. Entre os agentes da pastoral missionária, hoje como no passado, ocupam um lugar, de importância fundamental, aquelas pessoas e instituições às quais o Decreto *Ad Gentes* dedica um capítulo especial, sob o título: "os missionários".[128] A propósito disso, impõe-se uma reflexão profunda, sobretudo para os próprios missionários, que, devido as alterações no contexto da missão, podem ser induzidos a não compreender já o sentido de sua vocação, a não saber já aquilo que, hoje, a Igreja espera especificamente deles.

Ponto de referência são estas palavras do Concílio: "embora o compromisso de difundir a fé recaia sobre todos os discípulos de Cristo, na medida de suas possibilidades, Cristo Senhor, do meio da multidão dos seus seguidores, sempre chama aqueles que quer, para conviverem com ele e os enviar a pregar aos não-cristãos. Por isso, ele, por ação do Espírito Santo, que distribui como quer os seus carismas para o bem das almas, acende, no coração dos indivíduos, a vocação missionária e, ao mesmo tempo, suscita, no seio da Igreja, aquelas instituições as quais assumem como dever específico a tarefa da evangelização, que diz respeito a toda a Igreja".[129]

Trata-se, portanto, de uma "vocação especial", modelada a partir da dos apóstolos, e que se manifesta

---

128 Cf. Decreto sobre a atividade missionária da Igreja *Ad Gentes*, cap. IV, 23-27.

129 *Ibid.*, 23.

na totalidade com que se orienta o compromisso para o serviço da envangelização dos não-cristãos: é compromisso que envolve toda a pessoa e vida do missionário, exigindo dele uma doação de forças e de tempo sem limites. Aqueles que estão dotados dessa vocação, "enviados pela legítima autoridade, vão ter, por espírito de fé e obediência, com aqueles que se encontram longe de Cristo, entregando-se, exclusivamente, àquela obra para a qual, como ministros do Evangelho, foram assumidos".[130] Os missionários devem meditar no dom recebido e na resposta que ele implica, e atualizar sua formação doutrinal e apostólica.

66. Os Institutos Missionários devem empregar todos os recursos necessários, tirando proveito de sua experiência e criatividade, na fidelidade ao seu carisma originário, para preparar, adequadamente, os candidatos, e assegurar o restabelecimento das energias espirituais, morais e físicas de seus membros.[131] Sintam-se parte viva da comunidade eclesial, e trabalhem em comunhão com ela. De fato, cada Instituto nasceu para a Igreja, e deve enriquecê-la com as características próprias, segundo seu espírito particular e sua especial missão. E os próprios bispos são os guardiães dessa fidelidade ao carisma originário.[132]

---

130 *Ibid.*, 23.
131 Cf. *ibid.*, 23. 27.
132 Cf. CONGREGAÇÃO PARA OS RELIGIOSOS E OS INSTITUTOS SECULARES E CONGREGAÇÃO PARA OS BISPOS, Notas diretivas para as relações mútuas entre os bispos e os religiosos na Igreja *Mutuae Relationes* (14/V/1978), 14 b: *AAS* 70 (1978), 482; cf. ainda n. 28, do mesmo documento.

Os Institutos missionários, de uma forma geral, nasceram nas Igrejas de antiga tradição cristã, e historicamente foram instrumentos da Congregação da *Propaganda Fide,* em vista da difusão da fé e da fundação de novas Igrejas. Eles acolhem, hoje, numa medida sempre maior, candidatos provenientes das jovens Igrejas que eles fundaram, enquanto surgem novos institutos, precisamente nos países que antes só recebiam missionários, e hoje já os enviam também. É de louvar esta dupla tendência, que demonstra a validade e atualidade da vocação missionária específica desses Institutos, hoje ainda "absolutamente necessários":[133] não apenas para a atividade missionária *ad gentes,* como é sua tradição, mas também para a animação missionária, tanto nas Igrejas de antiga tradição cristã, como nas mais jovens.

A vocação especial dos missionários *ad vitam,* isto é, por toda a vida, mantém toda a sua validade: representa o paradigma do compromisso missionário da Igreja, que sempre tem necessidade de entregas radicais e totais, de impulsos novos e corajosos. Os missionários e as missionárias, que consagraram a vida toda ao testemunho de Cristo ressuscitado entre os não-cristãos, não se deixem, pois, atemorizar por dúvidas, incompreensões, recusas, perseguições. Rejuvenesçam a graça de seu carisma específico, e retomem, corajosamente, seu caminho, preferindo — em espírito de fé, obediência e comunhão com os Pastores — os lugares mais humildes e difíceis.

---

133 CONC. ECUM. VAT. II, Decreto sobre a atividade missionária da Igreja *Ad Gentes,* 27.

SACERDOTES DIOCESANOS
PARA A MISSÃO UNIVERSAL

67. Colaboradores do bispo, os presbíteros, por força do sacramento da Ordem, são chamados a partilhar a solicitude pela missão: "o dom espiritual, que os presbíteros receberam na Ordenação, prepara-os não para uma missão limitada e restrita, mas para uma *vastíssima e universal missão de salvação* 'até aos confins da Terra', uma vez que todo o ministério sacerdotal participa da mesma amplitude universal da missão confiada aos apóstolos por Cristo".[134] Por isso, a própria formação dos candidatos ao sacerdócio deve procurar dar-lhes "aquele *espírito verdadeiramente católico* que os habitue a olhar para além dos confins da própria diocese, nação ou rito, indo ao encontro das necessidades da missão universal, prontos a pregar o Evangelho por toda a parte".[135] Todos os sacerdotes devem ter um coração e uma mentalidade missionária, estar abertos às necessidades da Igreja e do mundo, atentos aos mais distantes e, sobretudo, aos grupos não-cristãos do próprio meio. Na oração e, em particular, no sacrifício eucarístico, sintam a solicitude de toda a Igreja pela humanidade.

---

134 CONC. ECUM. VAT. II, Decreto sobre o ministério e a vida sacerdotal *Presbyterorum Ordinis,* 10; cf. Decreto sobre a atividade missionária da Igreja *Ad Gentes,* 39.

135 CONC. ECUM. VAT. II, Decreto sobre a formação sacerdotal *Optatam Totius,* 20. Cf. "Guide de vie pastorale pour les prêtres diocésains des Eglises qui dépendent de la Congrégation pour l'Evangélisation des Peuples" (Roma, 1989).

Especialmente os sacerdotes, que se encontram em áreas de minoria cristã, devem sentir-se movidos por um singular zelo e empenho missionário: o Senhor confialhes não só o cuidado pastoral da comunidade cristã, mas também e, sobretudo, a evangelização de seus compatriotas que não fazem parte de seu rebanho. "Não deixarão de estar concretamente disponíveis ao Espírito Santo e ao bispo, para ser enviados a pregar o Evangelho para além das fronteiras de seu País. Isto exigirá deles não apenas maturidade na vocação, mas também uma capacidade, fora do comum, para se afastarem da própria pátria, etnia e família, bem como uma particular idoneidade para se inserirem, com inteligência e respeito, nas outras culturas".[136]

68. Na encíclica *Fidei Donum,* Pio XII, com intuição profética, encorajou os bispos a oferecerem alguns sacerdotes para um serviço temporário nas Igrejas da África, aprovando as iniciativas já existentes nessa linha. Nos 25 anos desse Documento, eu quis sublinhar sua grande novidade "que fez superar a dimensão territorial do serviço presbiteral, para destiná-lo a toda a Igreja".[137] Hoje, está confirmada a validade e a fecundidade dessa experiência: na verdade, os presbíteros, denominados *Fidei Donum,* evidenciam o vínculo de comunhão entre as Igrejas, dão um precioso contributo para o crescimento

136 Discurso aos participantes à Assembléia Plenária da Congregação para a Evangelização dos Povos, a 14 de abril de 1989, 4: *AAS* 81 (1989), 1140.

137 Mensagem para o Dia Mundial das Missões/1982: *Insegnamenti* V/2 (1982), 1879.

de comunidades necessitadas, enquanto recebem delas rejuvenecimento e vitalidade de fé. Entretanto, é necessário que o serviço missionário do sacerdote diocesano obedeça a alguns critérios e condições. Sejam enviados sacerdotes escolhidos de entre os melhores, idôneos e devidamente preparados para o trabalho peculiar que os espera.[138] Eles devem inserir-se com espírito aberto e fraterno, no novo ambiente da Igreja que os acolhe, e constituirão um único presbitério com os sacerdotes locais, sob a autoridade do bispo;[139] (...) Faço votos de que este espírito de serviço aumente no seio do presbitério das Igrejas antigas, e seja promovido no das Igrejas mais recentes.

A FECUNDIDADE MISSIONÁRIA DA CONSAGRAÇÃO

69. Na inexaurível e multiforme riqueza do Espírito, situam-se as vocações dos *Institutos de vida consagrada,* cujos membros "desde o momento em que se dedicam ao serviço da Igreja, por força de sua consagração, ficam obrigados a prestar seu serviço especialmente na ação missionária, dentro do estilo próprio do Instituto".[140]

---

138 Cf. CONC. ECUM. VAT. II, Decreto sobre a atividade missionária da Igreja *Ad Gentes,* 38; CONGREGAÇÃO PARA O CLERO, Notas Diretivas *Postquam Apostoli,* 24-25: *l.c.,* 361.

139 Cf. CONGREGAÇÃO PARA O CLERO, Notas diretivas *Postquam Apostoli,* 29: *l.c.,* 362 s.; CONC. ECUM. VAT. II, Decreto sobre a atividade missionária da Igreja *Ad Gentes,* 20.

140 *C.I.C.,* cân. 783.

A história atesta a extraordinária e benemérita ação das Famílias religiosas, em favor da propagação da fé e da formação de novas Igrejas: desde as antigas Instituições monásticas até as Congregações modernas, passando pelas Ordens medievais.

a) Seguindo o Concílio, convido os *Institutos de vida contemplativa* a estabelecer comunidades, nas jovens Igrejas, para prestarem, "entre os não-cristãos, um magnífico testemunho da majestade e da caridade de Deus, bem como da união estabelecida em Cristo".[141] Esta presença é benéfica em todo o mundo não-cristão, mas especialmente naquelas regiões onde as religiões têm em grande estima a vida contemplativa, na perspectiva da ascese e da busca do Absoluto.

b) Aos *Institutos de vida ativa,* aponto os espaços imensos da caridade, do anúncio evangélico, da educação cristã, da cultura, e da solidariedade com os pobres, os discriminados, os marginalizados e os oprimidos. Tais Institutos, tendam ou não para um fim estritamente missionário, devem-se interrogar sobre sua possibilidade e disponibilidade de alargar a própria ação, para expandir o Reino de Deus. Este apelo foi acolhido, nos últimos tempos, por muitos Institutos. Mas queria que fosse tido em melhor consideração e mais adequadamente atuado por um autêntico serviço. A Igreja deve dar a conhecer os grandes valores evangélicos de que é portadora. Ora, ninguém os testemunha, mais eficazmente do que aquele que faz profissão de vida consagrada na castidade,

141 Decreto sobre a atividade missionária da Igreja *Ad Gentes,* 40.

pobreza e obediência, numa total doação a Deus e plena disponibilidade para servir o homem e a sociedade, segundo o exemplo de Cristo.[142]

70. Dirijo uma palavra, de especial apreço, às religiosas missionárias, nas quais a virgindade, por amor do Reino, se traduz em múltiplos frutos de uma maternidade segundo o Espírito: a missão *ad gentes* oferece-lhes precisamente um campo vastíssimo para "se doarem com amor, de modo total e indiviso".[143] O exemplo e a atividade da mulher virgem, consagrada à caridade para com Deus e o próximo, sobretudo do mais pobre, são indispensáveis como sinal evangélico, naqueles povos e culturas onde a mulher deve ainda percorrer um longo caminho em ordem à sua promoção humana e libertação. Faço votos de que muitas jovens cristãs sintam a sedução de se entregarem a Cristo com generosidade, haurindo de sua consagração a força e a alegria para testemunhá-lo entre os povos que ainda não o conhecem.

TODOS OS LEIGOS SÃO MISSIONÁRIOS, EM RAZÃO DO BATISMO

71. Os últimos Pontífices têm insistido bastante na importância do papel dos leigos para a atividade missionária.[144] Na Exortação apostólica *Christifideles Laici*,

---

142 Cf. PAULO VI, Exort. Ap. *Evangelii Nuntiandi*, 69: *l.c.*, 58 s.

143 Carta Ap. *Mulieris Dignitatem* (15/VIII/1988), 20: *AAS* 80 (1988), 1703.

144 Cf. PIO XII, Carta Enc. *Evangelii Praecones: l.c.*, 510 s.; Carta Enc. *Fidei Donum: l.c.*, 228 s.; JOÃO XXIII, Carta Enc. *Princeps Pastorum: l.c.*, 855 s.; PAULO VI, Exort. Ap. *Evangelii Nuntiandi*, 70-73: *l.c.*, 59-63.

também eu tratei, explicitamente, da "missão permanente de levar o Evangelho a todos quantos — e são milhões e milhões de homens e de mulheres — ainda não conhecem Cristo, redentor do homem",[145] e do respectivo compromisso dos fiéis leigos. A missão é de todo o Povo de Deus: se é verdade que a fundação de uma nova Igreja requer a Eucaristia, e, por conseguinte, o ministério sacerdotal, todavia, a missão, que comporta as mais variadas formas, é tarefa de todos os fiéis.

Aliás, a participação dos leigos na expansão da fé é clara, desde os primeiros tempos do cristianismo, tanto a nível de indivíduos e famílias, como da comunidade inteira. Isto foi já recordado por Pio XII, ao referir, na primeira encíclica missionária, as vicissitudes das missões laicais.[146] Nos tempos modernos, também não faltou a participação ativa dos missionários leigos e das missionárias leigas. Como não recordar o importante papel desempenhado por estas, o seu trabalho nas famílias, nas escolas, na vida política, social e cultural e, em particular, seu ensino da doutrina cristã? Mais: é necessário reconhecer, como um título de honra, que algumas Igrejas tiveram sua origem, graças à atividade dos leigos e das leigas missionárias.

O Vaticano II confirmou esta tradição, ilustrando o caráter missionário de todo o Povo de Deus, em particular o apostolado dos leigos,[147] e sublinhando o contributo específico que eles são chamados a dar, na ativida-

---

145 Exort. Ap. pós-sinodal *Christifideles Laici*, 35: *l.c.*, 457.
146 Cf. Carta Enc. *Evangelii Praecones: l.c.*, 510-514.
147 Cf. Const. dogm. sobre a Igreja *Lumen Gentium*, 17. 33 s.

de missionária.[148] A necessidade de que todos os fiéis compartilhem tal responsabilidade não é apenas questão de eficácia apostólica, mas é um dever-direito, fundado sobre a dignidade batismal, pelo qual "os fiéis leigos participam, por sua vez, no tríplice ministério — sacerdotal, profético e real — de Jesus Cristo".[149] Por isso, também, "recai sobre eles o mandato do Senhor, tendo o direito de se empenharem individualmente, ou reunidos em associação, para que o anúncio da salvação seja conhecido e acolhido por todo o homem, em qualquer lugar. Tal obrigação vincula-os ainda mais, naquelas situações onde os homens só poderão ouvir o Evangelho e conhecer Cristo por meio deles".[150] Além disso, pela índole secular que lhes é própria, cabe-lhes a vocação particular de "buscar o Reino de Deus, tratando das coisas temporais e orientando-as segundo o plano de Deus".[151]

72. Os setores da presença e da ação missionária dos leigos são muito amplos. "O primeiro campo (...) é o mundo vasto e complicado da política, da realidade social, da economia",[152] no plano local, nacional e internacional. No âmbito da Igreja, existem vários tipos de serviços, funções, ministérios e formas de animação da vida cristã. Recordo, como novidade surgida recentemente em

148 Cf. Decreto sobre a atividade missionária da Igreja *Ad Gentes*, 35-36. 41.

149 Exort. Ap. pós-sinodal *Christifidelis Laici*, 14: *l.c.*, 410.

150 *C.I.C.*, cân. 225, 1; cf. CONC. ECUM. VAT. II, Decreto sobre o apostolado dos leigos *Apostolicam Actuositatem*, 6. 13.

151 CONC. ECUM. VAT. II, Const. dogm. sobre a Igreja *Lumen Gentium*, 31; cf. *C.I.C.*, cân. 225, 2.

152 PAULO VI, Exort. Ap. *Evangelii Nuntiandi*, 70: *l.c.*, 60.

muitas Igrejas, o grande desenvolvimento dos "movimentos eclesiais", dotados de dinamismo missionário. Quando se inserem humildemente na vida das Igrejas locais e são acolhidos cordialmente por bispos e sacerdotes, nas estruturas diocesanas e paroquiais, estes movimentos representam um verdadeiro dom de Deus para a nova evangelização e para a atividade missionária propriamente dita. Recomendo, pois, que se difundam e sirvam para dar novo vigor, sobretudo entre os jovens, à vida cristã e à evangelização, numa visão pluralista dos modos de se associar e exprimir.

Na atividade missionária, devem-se valorizar as várias expressões do laicato, respeitando sua índole e finalidade: associações do laicato missionário, organismos cristãos de voluntariado internacional, movimentos eclesiais, grupos e sodalícios de vários tipos, sejam aproveitados na missão *ad gentes* e na colaboração com as Igrejas locais. Deste modo, favorecer-se-á o crescimento de um laicato maduro e responsável cuja "formação, se requer nas jovens Igrejas, como elemento essencial e irrenunciável da *plantatio Ecclesiae*".[153]

A OBRA DOS CATEQUISTAS E A VARIEDADE DOS MINISTÉRIOS

73.   Entre os leigos que se tornam evangelizadores, contam-se, em primeiro lugar, os catequistas. O decreto missionário define-os como sendo "aquele exército tão bene-

---

153 Exort. Ap. pós-sinodal *Christifideles Laici*, 35: *l.c.*, 458.

mérito da obra das missões entre os pagãos (...) que, penetrados de espírito apostólico, prestam, com seus relevantes serviços, um singular e indispensável auxílio à causa da propagação da fé e da Igreja".[154] Não é sem razão que as Igrejas de antiga data, ao se empenharem numa nova evangelização, multiplicaram os catequistas e intensificaram a catequese. "O título de 'catequistas' pertence, por antonomásia, aos catequistas em terra de missão: Igrejas, hoje florescentes, sem eles não teriam sido edificadas".[155]

Mesmo com a multiplicação dos serviços eclesiais e extra-eclesiais, o ministério dos catequistas permanece ainda necessário e tem características peculiares: os catequistas são agentes especializados, testemunhas diretas, evangelizadores insubstituíveis, que representam a força basilar das comunidades cristãs, particularmente nas jovens Igrejas, como várias vezes pude dizer e constatar, nas minhas viagens missionárias. O novo código de Direito Canônico refere suas tarefas, qualidades e requisitos.[156]

Entretanto, não se pode esquecer que o trabalho dos catequistas vai se tornando cada vez mais difícil e exigente, devido às mudanças eclesiais e culturais em curso. É válido, ainda hoje, o que o Concílio já sugeria: uma preparação doutrinal e pedagógica mais cuidada, a constante renovação espiritual e apostólica, a necessidade de "garantir um digno teor de vida e de segurança

---

154 CONC. ECUM. VAT. II, Decreto sobre a atividade missionária da Igreja *Ad Gentes,* 17.
155 Exort. Ap. *Catechesi Tradendae,* 66: *l.c.,* 1331.
156 Cf. cân. 785, 1.

social" aos catequistas.[157] É importante, por último, favorecer a criação e o fortalecimento de escolas para catequistas que, aprovadas pelas Conferências episcopais, confiram títulos oficialmente reconhecidos por estas últimas.[158]

74. Ao lado dos catequistas, é preciso recordar outras formas de serviço à vida da Igreja e à missão, e, por conseguinte, outros operadores: animadores da oração, do canto e da liturgia; chefes de comunidades eclesiais de base e de grupos bíblicos; encarregados das obras caritativas; administradores dos bens da Igreja; dirigentes das várias associações de apostolado; professores de religião nas escolas. Todos os fiéis leigos devem oferecer à Igreja uma parte do seu tempo, vivendo, com coerência, a própria fé.

A CONGREGAÇÃO PARA A EVANGELIZAÇÃO DOS POVOS E OUTRAS ESTRUTURAS DA ATIVIDADE MISSIONÁRIA

75. Os responsáveis e os agentes da pastoral missionária devem sentir-se unidos na comunhão que caracteriza o Corpo Místico. Por isto, rezou Cristo, na Última Ceia: "Como tu, Pai, estás em mim e eu em ti, que também

157 Decreto sobre a atividade missionária da Igreja *Ad Gentes,* 17.

158 Cf. Assembléia Plenária da Congregação para a Evangelização dos Povos, do ano 1969, sobre os catequistas, e a correlativa "Instrução" de abril de 1970: *Bibliografia missionária* 34 (1970), 197-212, e ainda *Sacra congreg. de Propaganda Fide, Memoria Rerum,* III/2 (1976), 821-831.

eles sejam em nós um só, para que o mundo creia que tu me enviaste" (*Jo* 17,21). Nesta comunhão está o fundamento da fecundidade da missão.

Mas a Igreja constitui, também, uma comunhão visível e orgânica, e por isso, a missão exige uma união externa e ordenada das diversas responsabilidades e funções, a fim de que todos os membros "façam convergir, em plena unanimidade, suas forças para a edificação da Igreja".[159]

Compete ao Dicastério missionário "dirigir e coordenar, em todo o mundo, a obra de evangelização dos povos e a cooperação missionária, salva sempre a competência da Congregação para as Igrejas Orientais".[160] Assim, "é seu dever suscitar e distribuir, segundo as necessidades mais urgentes das regiões, os missionários (...), elaborar um programa orgânico de ação, emanar diretrizes e princípios adequados à evangelização, dar o impulso inicial".[161] Só posso corroborar estas sábias orientações: para relançar a missão *ad gentes* é necessário um centro de propulsão, direção e coordenação, que é a Congregação para a Evangelização. Convido as Conferências episcopais e seus organismos, os superiores maiores das Ordens, Congregações e Institutos, os orga-

159 CONC. ECUM. VAT. II, Decreto sobre a atividade missionária da Igreja *Ad Gentes,* 28.

160 Const. Ap. sobre a Cúria Romana *Pastor Bonus,* (28/VI/1988), 85: *AAS* 80 (1988) 881; cf. CONC. ECUM. VAT. II, Decreto sobre a atividade missionária da Igreja *Ad Gentes,* 29.

161 CONC. ECUM. VAT. II, Decreto sobre a atividade missionária da Igreja *Ad Gentes,* 29; cf. JOÃO PAULO II, Const. Ap. *Pastor Bonus,* 86: *l.c.,* 882.

nismos laicais empenhados na atividade missionária, a colaborarem fielmente com a referida Congregação, que tem a autoridade necessária para programar e dirigir a atividade e a cooperação missionária, a nível universal.

Esta Congregação, tendo atrás de si uma longa e gloriosa experiência, é chamada a desempenhar um papel de primeira grandeza, no plano da reflexão e dos programas operativos de que a Igreja precisa para se orientar mais decididamente para a missão, nas suas várias formas. Com este objetivo, a Congregação deve manter estreitas relações com os outros Dicastérios da Santa Sé, com as Igrejas particulares, e com as diversas forças missionárias. Numa eclesiologia de comunhão, onde toda a Igreja é missionária, mas simultâneamente se confirmam como sempre mais indispensáveis as vocações e instituições específicas para o trabalho *ad gentes,* continua sendo muito importante o papel de guia e coordenação do Dicastério missionário para, conjuntamente, enfrentar as grandes questões de interesse comum, salvas as competências de cada autoridade e estrutura.

76. Para a direção e coordenação da atividade missionária, a nível nacional e regional, revestem-se de grande importância as Conferências episcopais e seus diversos órgãos. O Concílio pede-lhes que "tratem, de pleno acordo, as questões mais graves e os problemas mais urgentes, sem transcurar, porém, as diferenças locais"[162] nem o problema da inculturação. De fato, existe uma ação ampla e regular neste campo, e os frutos são visíveis.

---

162 Decreto sobre a atividade missionária da Igreja *Ad Gentes,* 31.

Essa ação, porém, deve ser intensificada e melhor interligada com a de outros organismos das mesmas Conferências, para que a solicitude missionária não seja deixada apenas ao cuidado de um certo setor ou organismo, mas seja partilhada por todos.

Os organismos, que se empenham na atividade missionária, unam esforços e iniciativas, sempre que isso seja útil. As Conferências dos Superiores Maiores dirijam esse empenho no seu âmbito, em contato com as Conferências episcopais, segundo as indicações e as normas estabelecidas,[163] recorrendo mesmo a comissões mistas.[164] Enfim, seriam desejáveis encontros e formas de colaboração entre as várias instituições missionárias, no que se refere tanto à formação e ao estudo,[165] como à ação apostólica.

---

163 Cf. *ibid.*, 33.

164 Cf. PAULO VI, Cart. Ap. sob forma de motu proprio data *Ecclesiae Sanctae* (6/VIII/1966), II, 43: *AAS* 58 (1966), 782.

165 CONC. ECUM. VAT. II, Decreto sobre a atividade missionária da Igreja *Ad Gentes,* 34; PAULO VI, Motu proprio *Ecclesiae Sanctae,* III, n. 22: *l.c.,* 787.

CAPÍTULO VII

A COOPERAÇÃO NA ATIVIDADE MISSIONÁRIA

77. Membros da Igreja, por força do batismo, todos os cristãos são co-responsáveis pela atividade missionária. A participação das comunidades e dos indivíduos cristãos, neste direito-dever, é chamada "cooperação missionária".

Tal cooperação radica-se e se concretiza, antes de mais nada, no estar pessoalmente unidos a Cristo: só se estivermos unidos a ele, como o ramo à videira (cf. *Jo* 15,5), é que poderemos dar bons frutos. A santidade de vida possibilita a cada cristão ser fecundo na missão da Igreja: "o Sagrado Concílio convida a todos a uma profunda renovação interior, para que, uma vez adquirida uma viva consciência da própria responsabilidade na difusão do Evangelho, cumpram sua parte na atividade missionária, no meio dos não-cristãos".[166]

A participação na missão universal, portanto, não se reduz a algumas atividades isoladas, mas é o sinal da maturidade da fé e de uma vida cristã que dá fruto. Deste modo, o crente alarga os horizontes de sua caridade, ao manifestar solicitude por aqueles que estão longe e pelos que estão perto: reza pelas missões e pelas voca-

---

166 CONC. ECUM. VAT. II, Decreto sobre a atividade missionária da Igreja *Ad Gentes,* 35; cf. *C.I.C.* cân. 211. 781.

ções missionárias, ajuda os missionários, acompanha-lhes a atividade com interesse e, quando regressam, acolhe-os com aquela alegria, com que as primitivas comunidades cristãs ouviam, dos apóstolos, as maravilhas que Deus operara pela pregação deles (cf. *At* 14,27).

ORAÇÃO E SACRIFÍCIO PELOS MISSIONÁRIOS

78. Entre as várias formas de participação, ocupa o primeiro lugar a cooperação espiritual: oração, sacrifício, testemunho de vida cristã. A oração deve acompanhar os passos dos missionários, para que o anúncio da Palavra se torne eficaz, pela graça divina. São Paulo, em suas Cartas, pede muitas vezes aos fiéis que rezem por ele, para que lhe seja concedido anunciar o Evangelho com confiança e coragem.

À oração deve-se juntar o sacrifício: o valor salvífica de qualquer sofrimento, aceito e oferecido a Deus por amor, brota do sacrifício de Cristo, que chama os membros de seu Corpo Místico a se associarem aos seus padecimentos, a completá-los em sua própria carne (cf. *Cl* 1,24). O sacrifício do missionário deve ser partilhado e apoiado pelo dos fiéis. Por isso, àqueles que desempenham seu ministério pastoral junto dos doentes, recomendo que os instruam sobre o valor do sofrimento, encorajando-os a oferecê-lo a Deus pelos missionários. Com esta oferta, os doentes tornam-se também missionários, como sublinham alguns movimentos surgidos entre eles e para eles. Nesta perspectiva é que a solenidade do Pentecostes, que assinala o início da missão da Igreja, é celebrada, em algumas comunidades, como "jornada do sofrimento pelas Missões".

"EIS-ME, SENHOR, ESTOU PRONTO! ENVIAI-ME!"
(cf. *Is* 6,8)

79. A cooperação exprime-se principalmente na promoção das vocações missionárias, que constituem seu elemento indispensável. A este propósito, apesar da validade reconhecida às diversas formas de empenho missionário, é, todavia, necessário reafirmar, ao mesmo tempo, *a prioridade da entrega total e perpétua à obra das missões,* especialmente nos Institutos e Congregações missionárias, masculinas e femininas. A promoção de tais vocações representa o coração da cooperação: o anúncio do Evangelho requer proclamadores, a messe tem necessidade de trabalhadores, a missão realiza-se, sobretudo, por meio de homens e mulheres que consagraram a vida à obra do Evangelho, dispostos a irem por todo o mundo levar a salvação.

Desejo, portanto, recomendar, insistentemente, esta *solicitude pelas vocações missionárias.* Conscientes da responsabilidade universal dos cristãos, de contribuirem para a obra missionária e para o progresso das populações pobres, todos nos devemos perguntar por que, em diversas nações, enquanto, por um lado, crescem os donativos materiais, por outro ameaçam desaparecer as vocações missionárias, que constituem a verdadeira medida da entrega aos irmãos. As vocações ao sacerdócio e à vida consagrada são um sinal seguro da vitalidade de uma Igreja.

80. Pensando neste problema grave, dirijo meu apelo, com particular confiança e afeto, às famílias e aos jovens. As famílias, e sobretudo os pais, estejam conscientes do dever que têm de dar "um contributo particular à causa missionária da Igreja, cultivando as vocações missionárias entre seus filhos e filhas".[167]

Uma vida de intensa oração, um sentido real do serviço ao próximo, e uma generosa colaboração nas atividades eclesiais oferece, às famílias, as condições favoráveis à vocação dos jovens. Quando os pais estão prontos a consentir que um de seus filhos parta para a missão, quando eles rogaram ao Senhor uma tal graça, Deus os recompensará, na alegria, no dia em que um de seus filhos ou filhas escutar o seu chamado.

Aos jovens, peço que escutem a palavra de Cristo a eles dirigida, hoje, como então foi dita a Simão Pedro e a André na margem do lago: "Vinde após mim, e eu farei de vós pescadores de homens" (*Mt* 4,19). Que eles tenham a coragem de responder como Isaías: "Eis-me, Senhor, estou pronto! Enviai-me!" (cf. *Is* 6,8). Esses jovens encontrarão, à sua frente, uma vida fascinante, e conhecerão a alegria profunda de anunciar a "Boa-Nova" aos irmãos e irmãs que orientarão pelo caminho da salvação.

---

167 Exort. Ap. *Familiaris Consortio*, 54: *l.c.*, 147.

"HÁ MAIS ALEGRIA EM DAR DO QUE EM RECEBER" (*At* 20,35)

81. São muitas as necessidades materiais e econômicas das missões: não apenas para dotar a Igreja de estruturas mínimas, tais como: capelas, escolas para catequistas e seminaristas, residências, mas também para sustentar as obras de caridade, de educação e de promoção humana, campo vastíssimo de ação, especialmente nos países pobres. A Igreja missionária dá aquilo que recebe, distribui aos pobres aquilo que seus filhos mais dotados de bens materiais lhe põem generosamente à disposição. Neste momento, desejo agradecer a todos quantos, com sacrifício, contribuem para a obra missionária: suas renúncias e sua participação são indispensáveis para construir a Igreja e testemunhar a caridade.

Quanto às ajudas materiais, é importante ver o espírito com que se dá. Para isso torna-se necessário rever o próprio estilo de vida: as missões não solicitam apenas uma ajuda, mas uma partilha do anúncio e da caridade com os pobres. Tudo o que recebemos de Deus — tanto a vida como os bens materiais — não é nosso, mas nos foi confiado em uso. Que a generosidade, no dar, seja sempre iluminada e inspirada pela fé! Então, verdadeiramente haverá mais alegria em dar do que em receber.

O *Dia Mundial das Missões,* orientado à sensibilização para o problema missionário, mas também para a coleta de fundos, constitui um momento importante na vida da Igreja, porque ensina como se deve dar o contributo: *na* celebração eucarística, ou seja, como oferta a Deus, e *para* todas as missões do mundo.

NOVAS FORMAS DE COOPERAÇÃO MISSIONÁRIA

82. A cooperação amplia-se, hoje, em *novas formas,* não só no âmbito da ajuda econômica, como também no da participação direta. *Situações novas,* conexas com o fato da mobilidade, exigem dos cristãos um autêntico espírito missionário. Recordo algumas, a título de exemplo.

O turismo, a nível internacional, é já um fenômeno de massa, certamente positivo, se for praticado numa atitude respeitadora, para mútuo enriquecimento cultural, evitando ostentação e esbanjamento, e procurando o contato humano. Porém, aos cristãos, pede-se, sobretudo, a consciência de que devem ser sempre testemunhas da fé e da caridade de Cristo. O conhecimento direto da vida missionária e das novas comunidades cristãs também pode enriquecer e revigorar a fé. Não posso deixar de louvar as visitas às missões, em particular as dos jovens que vão trabalhar e fazer uma experiência forte de vida cristã.

A necessidade de emprego leva, hoje, numerosos cristãos de comunidades jovens para áreas onde o cristianismo é desconhecido e, às vezes, banido ou perseguido. O mesmo acontece aos fiéis de países de antiga tradição cristã, que vão trabalhar, temporariamente, para países não-cristãos. Estas estadias são, sem dúvida, uma oportunidade para viver e testemunhar a fé. Nos primeiros séculos, o cristianismo espalhou-se, graças sobretudo aos cristãos, que, tendo de se estabelecer noutras regiões onde Cristo não tinha sido anunciado, testemunhavam, corajosamente, sua fé, e fundavam, aí, as primeiras comunidades.

Mais numerosos, porém, são os cidadãos dos países de missão e membros de religiões não-cristãs, que vão se estabelecer noutras nações, por motivos de estudo e de trabalho, ou forçados pelas condições políticas ou econômicas do lugar de origem. A presença destes irmãos, nos países de antiga tradição cristã, constitui um desafio às comunidades eclesiais, estimulando-as ao acolhimento, ao diálogo, ao serviço, à partilha, ao testemunho e ao anúncio direto. Praticamente, também nos países cristãos, formam-se grupos humanos e culturais que necessitam da missão *ad gentes*. As Igrejas locais, inclusive com a ajuda de pessoas vindas dos países originários e de missionários que regressaram, devem ocupar-se dessas situações.

A cooperação missionária está também ao alcance e empenha os responsáveis da política, da economia, da cultura, do jornalismo, bem como os peritos dos vários organismos internacionais. No mundo atual, é cada vez mais difícil traçar linhas de demarcação geográfica ou cultural: há uma interdependência crescente entre os povos, o que representa um estímulo para o testemunho cristão e para a evangelização.

ANIMAÇÃO E FORMAÇÃO MISSIONÁRIA
DO POVO DE DEUS

83. A formação missionária é obra da Igreja local, com a ajuda dos missionários e de seus Institutos, bem como dos cristãos das jovens Igrejas. Este trabalho não deve ser visto como marginal, mas central na vida cristã. Mesmo para a "nova evangelização" dos povos cristãos, o tema missionário pode ser de grande proveito: o testemunho dos missionários mantém, efetivamente, seu fascínio sobre os que se afastaram e os descrentes, e transmite valores cristãos. As Igrejas locais, pois, insiram a animação missionária, como elemento fulcral, na pastoral ordinária das dioceses e paróquias, das associações e grupos, especialmente juvenis.

Para este fim serve, antes de mais nada, a informação, através da imprensa missionária e dos vários subsídios audiovisuais. Seu papel é extremamente importante, enquanto dão a conhecer a vida da Igreja, a palavra e as experiências dos missionários e das Igrejas locais, junto daqueles para quem trabalham. É necessário, pois, que nas Igrejas mais novas, as quais ainda não podem possuir um serviço de imprensa e outros subsídios, a iniciativa seja assumida pelos Institutos missionários que, para tal, dedicarão o pessoal e meios necessários.

Para tal formação estão chamados os sacerdotes e seus colaboradores pastorais, os educadores e professores, os teólogos, especialmente aqueles que ensinam nos seminários e nos centros para leigos. O ensino teológico não pode nem deve prescindir da missão universal da

Igreja, do ecumenismo, do estudo das grandes religiões e da missionologia. Recomendo que, sobretudo nos seminários e nas casas de formação para religiosos e religiosas, se faça tal estudo, procurando, também, que alguns sacerdotes, ou alunos e alunas, se especializem nos diversos campos das ciências missiológicas.

As atividades de formação sejam sempre orientadas para seus fins específicos: informar e formar o Povo de Deus para a missão universal da Igreja, fazer nascer vocações *ad gentes,* suscitar cooperação para a evangelização. Não podemos, de fato, dar uma imagem que reduz a atividade missionária, como se esta fosse principalmente auxílio aos pobres, contributo para a libertação dos oprimidos, promoção do desenvolvimento, defesa dos direitos humanos. A Igreja missionária está empenhada também nestas frentes. Porém, sua tarefa primeira é outra: os pobres têm fome de Deus, e não apenas de pão e de liberdade, devendo a atividade missionária testemunhar e anunciar, antes de mais nada, a salvação em Cristo, fundando as Igrejas locais que serão, depois, instrumento de libertação integral.

A RESPONSABILIDADE PRIMÁRIA
DAS OBRAS MISSIONÁRIAS PONTIFÍCIAS

84. Nesta obra de animação, o dever primeiro compete às *Pontifícias Obras Missionárias,* como várias vezes afirmei nas Mensagens para o Dia Mundial das Missões. As quatro Obras — Propagação da Fé, São Pedro Após-

tolo, Santa Infância e União Missionária — têm em comum o objetivo de promover o espírito missionário universal, no seio do Povo de Deus. A *União Missionária* tem, como fim imediato e específico, a sensibilização e formação missionária dos sacerdotes, religiosos e religiosas, os quais, por sua vez, deverão promovê-la nas comunidades cristãs. Além disso, ela procura impulsionar as outras Obras, de que é a alma.[168] "A palavra de ordem deve ser esta: todas as Igrejas para a conversão de todo o mundo".[169]

Sendo do Papa e do Colégio episcopal, estas Obras ocupam, também no âmbito das Igrejas particulares, "justamente o primeiro lugar, já que são meios quer para infundir nos católicos, desde a infância, um espírito verdadeiramente universal e missionário, quer para favorecer uma adequada coleta de fundos em favor de todas as missões, segundo a necessidade de cada uma".[170] Uma outra finalidade das Obras Missionárias é a de suscitar vocações *ad gentes,* por total consagração de vida, tanto nas Igrejas antigas como nas mais jovens. Recomendo que orientem, cada vez mais, para este fim, seu serviço de animação.

No exercício de sua atividade, estas obras dependem, a nível universal, da Congregação para a Evangelização, e, a nível local, das Conferências episcopais e do

168 Cf. PAULO VI, Cart. Ap. *Graves et Increscentes* (5/IX/1966): *AAS* 58 (1966), 750-756.

169 P. MANNA, *Le nostre "Chiese" e la propagazione del Vangelo,* Trentola Ducenta, 1952,² p. 35.

170 CONC. ECUM. VAT. II, Decreto sobre a atividade missionária da Igreja *Ad Gentes,* 38.

bispo de cada diocese, devendo colaborar com os centros de animação existentes: elas geram, no mundo católico, aquele espírito de universalidade e de serviço à missão, sem o qual não existirá verdadeira cooperação.

NÃO SÓ DAR À MISSÃO, MAS TAMBÉM RECEBER

85. Cooperar para a missão não significa apenas dar, mas também saber receber. Todas as Igrejas particulares, jovens e antigas, são chamadas a dar e a receber da missão universal, e nenhuma se deve fechar em si própria. "Em virtude desta catolicidade — diz o Concílio —, cada uma das partes traz dons próprios às outras e a toda a Igreja, de modo que o todo e cada uma das partes aumentem pela comunicação mútua entre todos e pela aspiração comum à plenitude na unidade (...). Daí nascem, entre as diversas partes da Igreja, laços de íntima união, quanto às riquezas espirituais, obreiros apostólicos e ajudas materiais."[171]

Exorto todas as Igrejas e os pastores, os sacerdotes, os religiosos e os fiéis, a se *abrirem à universalidade da Igreja,* evitando toda a forma de particularismo, exclusivismo, ou qualquer sentimento de auto-suficiência. As Igrejas locais, radicadas em seu povo e em sua cultura, devem todavia, manter concretamente, esse sentido universal da fé, isto é, dando e recebendo, das outras Igrejas, dons espirituais, experiências pastorais de

171 Const. dogm. sobre a Igreja *Lumen Gentium,* 13.

primeiro anúncio e de evangelização, de pessoal apostólico e meios materiais.

De fato, a tendência para se fechar em si própria pode ser forte: as Igrejas antigas, preocupadas com a nova evangelização, pensam que, agora, devem realizar a missão em casa, e correm o risco de refrear o ímpeto para o mundo não-cristão, sendo pouca a vontade de dar vocações aos Institutos missionários, às Congregações religiosas. Ora, é dando generosamente do nosso, que se recebe, e as jovens Igrejas, muitas das quais conhecem um prodigioso florescimento de vocações, já estão, hoje, em condições de enviar sacerdotes, religiosos e religiosas para as Igrejas antigas.

As Igrejas jovens, por outro lado, sentem o problema da própria identidade, da inculturação, da liberdade de crescer sem influências externas, com a possível conseqüência de fecharem as portas aos missionários. A estas Igrejas, digo: longe de vos isolardes, acolhei, de boa vontade, os missionários e os meios vindos das outras Igrejas, e vós próprias enviai-os também. Precisamente para os problemas que vos angustiam, tendes necessidade de vos manterdes em contínua relação com os irmãos e irmãs na fé. Servindo-vos de todo o meio legítimo, fazei valer a liberdade a que tendes direito, pensando que os discípulos de Cristo têm o dever de "obedecer antes a Deus do que aos homens" (*At* 5,29).

DEUS PREPARA UMA NOVA PRIMAVERA DO EVANGELHO

86. Ao se olhar superficialmente o mundo moderno, fica-se impressionado pela abundância de fatos negativos, podendo deixar-nos levar pelo pessimismo. Mas este sentimento é injustificado: temos fé em Deus Pai e Senhor, na sua bondade e misericórdia. Ao aproximar-se o terceiro milênio da Redenção, Deus está preparando uma grande primavera cristã, cuja aurora já se entrevê. Na verdade, tanto no mundo não-cristão como naquele de antiga tradição cristã, existe uma progressiva aproximação dos povos aos ideais e valores evangélicos, que a presença e a missão da Igreja se empenha em favorecer. Na verdade, manifesta-se, hoje, uma nova convergência, por parte dos povos, para esses valores: a recusa da violência e da guerra; o respeito pela pessoa humana e por seus direitos; o desejo de liberdade, de justiça e de fraternidade; a tendência à superação dos racismos e dos nacionalismos; a afirmação da dignidade e a valorização da mulher.

A esperança cristã apoia-nos num empenho profundo em favor da nova evangelização e da missão universal, e faz-nos rezar como Jesus nos ensinou: "venha o teu reino, seja feita a tua vontade assim na Terra como no céu" (*Mt* 6,10).

Os homens à espera de Cristo constituem ainda um número imenso: os espaços humanos e culturais onde o anúncio evangélico ainda não chegou, ou naquele em que a Igreja está escassamente presente, são tão amplos que requerem a unidade de todas as suas forças. Preparando-se para celebrar o jubileu do ano 2.000, toda a Igreja está ainda mais empenhada num novo advento missionário. Temos de alimentar em nós a ânsia apostólica de transmitir aos outros a luz e a alegria da fé. E, para este ideal, devemos educar todo o Povo de Deus.

Não podemos ficar tranqüilos, ao pensar nos milhões de irmãos e irmãs nossas, também eles redimidos pelo sangue de Cristo, que ignoram ainda o amor de Deus. A causa missionária deve ser, para todo crente tal como para toda a Igreja, a primeira de todas as causas, porque diz respeito ao destino eterno dos homens e responde ao desígnio misterioso e misericordioso de Deus.

CAPÍTULO VIII

A ESPIRITUALIDADE MISSIONÁRIA

87. A atividade missionária exige uma espiritualidade específica, que diz respeito, de modo particular, a quantos Deus chamou a serem missionários.

DEIXAR-SE CONDUZIR PELO ESPÍRITO

Tal espiritualidade exprime-se, antes de mais nada, no viver em plena docilidade ao Espírito, e em deixar-se plasmar interiormente por ele, para se tornar cada vez mais semelhante a Cristo. Não se pode testemunhar Cristo sem espelhar sua imagem, que é gravada em nós por obra e graça do Espírito. A docilidade ao Espírito permitirá acolher os dons da fortaleza e do discernimento, que são traços essenciais da espiritualidade missionária.

Paradigmático é o caso dos apóstolos que, durante a vida pública do Mestre, apesar do seu amor por ele e da generosidade da resposta ao seu chamado, mostram-se incapazes de compreender suas palavras, e renitentes em segui-lo pelo caminho do sofrimento e da humilhação. O Espírito transformá-los-á em testemunhas corajosas de Cristo e anunciadores esclarecidos de sua Palavra: será o Espírito quem os conduzirá pelos caminhos árduos e novos da missão.

Hoje, como no passado, a missão continua a ser difícil e complexa. Requer igualmente a coragem e a luz do Espírito: vivemos, tantas vezes, o drama da primitiva comunidade cristã, que via forças descrentes e hostis "coligarem-se contra o Senhor e contra o seu Cristo" (*At* 4,26). Como então, hoje é necessário rezar para que Deus nos conceda o entusiasmo para proclamar o Evangelho. Temos de perscrutar os caminhos misteriosos do Espírito e, por ele, nos deixarmos conduzir para a verdade total (cf. *Jo* 16,13).

VIVER O MISTÉRIO DE "CRISTO ENVIADO"

88. Nota essencial da espiritualidade missionária é a comunhão íntima com Cristo: não é possível compreender e viver a missão, senão referindo-vos a Cristo, como aquele que foi enviado para evangelizar. Paulo descreve, assim, o seu viver: "tende em vós os mesmos sentimentos que havia em Cristo Jesus. Ele, que era de condição divina, não reivindicou o direito de ser equiparado a Deus, mas despojou-se a si mesmo, tomando a condição de servo, tornando-se semelhante aos homens. Tido pelo aspecto como homem, humilhou-se a si mesmo, feito obediente até a morte de cruz" (*Fl* 2,5-8).

Aqui aparece descrito o mistério da encarnação e da redenção, como despojamento total de si mesmo, que leva Cristo a viver plenamente a condição humana e a aderir, até o fim, ao desígnio do Pai. Trata-se de um aniquilamento que, porém, está permeado de amor e exprime o amor. Muitas vezes a missão percorre esta mesma estrada, com seu ponto de chegada ao pé da Cruz.

Ao missionário pede-se que "renuncie a si mesmo e a tudo aquilo que antes possuía como seu, e se faça tudo para todos":[172] na pobreza que o torna livre para o Evangelho, no distanciar-se de pessoas e bens de seu ambiente originário para se fazer irmão daqueles a quem é enviado, levando-lhes Cristo salvador. A espiritualidade do missionário conduz a isto: "com os fracos, fiz-me fraco (...) Fiz-me tudo para todos, para salvar alguns, a todo o custo. Tudo faço pelo Evangelho..." (*1Cor* 9,22-23).

Precisamente porque "enviado", o missionário experimenta a presença reconfortante de Cristo que o acompanha em todos os momentos de sua vida: "não tenhas medo (...), porque eu estou contigo" (*At* 18,9-10), e o espera no coração de cada homem.

AMAR A IGREJA E OS HOMENS COMO JESUS OS AMOU

89. A espiritualidade missionária caracteriza-se, além disso, pela caridade apostólica — a de Cristo que veio "para trazer à unidade aos filhos de Deus que andavam dispersos" (*Jo* 11,52), o Bom Pastor, que conhece as suas

---

172 CONC. ECUM. VAT. II, Decreto sobre a atividade missionária da Igreja *Ad Gentes,* 24.

ovelhas, procura-as e oferece sua vida por elas (cf. *Jo* 10). Quem tem espírito missionário, sente o ardor de Cristo pelas almas e ama a Igreja como Cristo a amou.

O missionário é impelido pelo "zelo das almas", que se inspira na própria caridade de Cristo, feita de atenção, ternura, compaixão, acolhimento, disponibilidade e empenho pelos problemas da gente. O amor de Jesus envolvia o mais fundo da pessoa. Ele, que "sabia o que há em cada homem" (*Jo* 2,25), amava a todos para lhes oferecer a redenção, e sofria quando esta era rejeitada.

O missionário é o homem da caridade: para poder anunciar a todo o irmão que Deus o ama e que ele próprio pode amar, ele terá de usar de caridade para com todos, gastando sua vida ao serviço do próximo. Ele é o "irmão universal", que leva consigo o espírito da Igreja, sua abertura e amizade por todos os povos e por todos os homens, particularmente pelos mais pobres e pequenos. Como tal, supera as fronteiras e as divisões de raça, casta, ou ideologia: é sinal do amor de Deus no mundo, que é um amor sem qualquer exclusão nem preferência.

Por fim, como Cristo, o missionário deve amar a Igreja: "Cristo amou a Igreja e se entregou por ela" (*Ef* 5,25). Este amor, levado até o extremo de dar a vida, constitui um ponto de referência para ele (...) Só um amor profundo pela Igreja poderá sustentar o zelo do missionário: sua obsessão de cada dia — a exemplo de São Paulo — é "o cuidado de todas as Igrejas" (*2Cor*

11,28)! Para qualquer missionário e comunidade, "a fidelidade a Cristo não pode ser separada da fidelidade à sua Igreja".[173]

O VERDADEIRO MISSIONÁRIO É O SANTO

90. O chamado à missão deriva, por sua natureza, da vocação à santidade. Todo missionário só o é, autenticamente, se se empenhar no caminho da santidade: "a santidade deve ser considerada um pressuposto fundamental e uma condição totalmente insubstituível para se realizar a missão de salvação da Igreja".[174]

A *universal vocação à santidade* está estritamente ligada à *universal vocação à missão:* todo fiel é chamado à santidade e à missão. Este foi o voto ardente do Concílio ao desejar, "com a luz de Cristo refletida no rosto da Igreja, iluminar todos os homens, anunciando o Evangelho a toda a criatura".[175] A espiritualidade missionária da Igreja é um caminho orientado para a santidade.

O renovado impulso para a missão *ad gentes* exige missionários santos. Não basta explorar, com maior perspicácia, as bases teológicas e bíblicas da fé, nem renovar os métodos pastorais, nem ainda organizar e coordenar melhor as forças eclesiais: é preciso suscitar um novo "ardor de santidade" entre os missionários e

---

173 CONC. ECUM. VAT. II, Decreto sobre o ministério e vida sacerdotal *Presbyterorum Ordinis,* 14.
174 Exort. Ap. pós-sinodal *Christifideles Laici,* 17: *l.c.,* 419.
175 Const. dogm. sobre a Igreja *Lumen Gentium,* 1.

em toda a comunidade cristã, especialmente entre aqueles que são os colaboradores mais íntimos dos missionários.[176]

Pensemos, caros irmãos e irmãs, no impulso missionário das primitivas comunidades cristãs. Não obstante a escassez de meios de transporte e de comunicação de então, o anúncio do Evangelho atingiu, em pouco tempo, os confins do mundo. E tratava-se da religião de um homem morto na cruz, "escândalo para os judeus e loucura para os pagãos" (*1Cor* 1,23)! Na base deste dinamismo missionário estava a santidade dos primeiros cristãos e das primeiras comunidades.

91. Dirijo-me aos batizados das jovens comunidades e das jovens Igrejas. Vós sois, hoje, a esperança desta nossa Igreja, que tem já 2.000 anos. Sendo jovens na fé, deveis ser como os primeiros cristãos, irradiando entusiasmo e coragem, numa generosa dedicação a Deus e ao próximo: numa palavra, deveis seguir pelo caminho da santidade. Só assim podereis ser sinal de Deus no mundo, revivendo em vossos países a epopéia missionária da Igreja primitiva. E sereis, também, fermento de espírito missionário para as Igrejas mais antigas.

Por sua vez, os missionários reflitam sobre o dever da santidade, que o dom da vocação deles exige, renovando-se, dia a dia, em seu espírito, e atualizando, também, sua formação doutrinal e pastoral. O missioná-

---

176 Cf. Discurso à Assembléia do CELAM, em Porto Príncipe, a 9 de março de 1983: *AAS* 75 (1983) 771-779; Homília na Abertura da "Novena de años", promovida pelo CELAM em S. Domingos, a 12 de outubro de 1984: *Insegnamenti* VII/2 (1984) 885-897.

rio deve ser "um contemplativo na ação". Encontra resposta aos problemas, na luz da palavra de Deus e na oração pessoal e comunitária. O contato com os representantes das tradições espirituais não-cristãs, e, em particular, as da Ásia, persuadiu-me de que o fruto da missão depende, em grande parte, da contemplação. O missionário, se não é contemplativo, não pode anunciar Cristo de modo crível. Ele é uma testemunha da experiência de Deus e deve poder dizer como os apóstolos: "O que nós contemplamos, ou seja, o Verbo da vida (...), nós vo-lo anunciamos" (*1Jo* 1,1-3).

O missionário é o homem das bem-aventuranças. Na verdade, no "discurso apostólico" (cf. *Mt* 10), Jesus dá instruções aos Doze, antes de os enviar a evangelizar, indicando-lhes os caminhos da missão: pobreza, humildade, desejo de justiça e paz, aceitação do sofrimento e perseguição, caridade que são precisamente as bem-aventuranças, concretizadas na vida apostólica (*Mt* 5,1-12). Vivendo as bem-aventuranças, o missionário experimenta e demonstra, concretamente, que o Reino de Deus já chegou, e ele já o acolheu. A característica de qualquer vida missionária autêntica é a alegria interior, que vem da fé. Num mundo angustiado e oprimido por tantos problemas, e que tende ao pessimismo, o proclamador da "Boa-Nova" deve ser um homem que encontrou, em Cristo, a verdadeira esperança.

CONCLUSÃO

92. Nunca como hoje se ofereceu à Igreja a possibilidade de, com o testemunho e a palavra, fazer chegar o Evangelho a todos os homens e a todos os povos. Vejo alvorecer uma nova época missionária, que se tornará dia radioso e rico de frutos, se todos os cristãos e, em particular, os missionários e as jovens Igrejas, corresponderem, generosa e santamente, aos apelos e desafios do nosso tempo.

Como os apóstolos depois da ascensão de Cristo, a Igreja deve reunir-se no Cenáculo "com Maria, a Mãe de Jesus" (At 1,14), a fim de implorar o Espírito e obter força e coragem para cumprir o mandato missionário. Também nós, bem mais do que os apóstolos, temos necessidade de ser transformados e guiados pelo Espírito.

Na vigília do terceiro milênio, toda a Igreja é convidada a viver mais profundamente o mistério de Cristo, colaborando, com gratidão na obra da salvação. Fa-lo-á com Maria e como Maria, sua mãe e modelo: é ela, Maria, o exemplo daquele amor materno do qual devem estar animados todos aqueles que, na missão apostólica, cooperam para a regeneração dos homens. Por isso, "confortada pela presença de Cristo, a Igreja caminha, no tempo, para a consumação dos séculos, indo ao encontro do Senhor que vem. Mas, nesta caminhada, a Igreja procede seguindo as pegadas do itinerário percorrido pela Virgem Maria".[177]

À "mediação de Maria, toda ela orientada para Cristo e disponível para a revelação do seu poder salvífico",[178] confio a Igreja e, em particular, aqueles que se empenham na atuação do mandato missionário, no mundo de hoje. Como Cristo enviou seus apóstolos, em nome do Pai, do Filho e do Espírito Santo, também, renovando o mesmo mandato, eu estendo a todos vós a bênção apostólica, em nome da mesma Trindade Santíssima. Amém.

Dado em Roma, junto de São Pedro, no dia 7 de dezembro, do ano de 1990, no XXV aniversário do Decreto conciliar *Ad Gentes,* décimo terceiro do Pontificado.

João Paulo II

177 Carta Enc. *Redemptoris Mater* (25/III/1987), 2: *AAS* 79 (1987) 362 s.

178 *Ibid.,* 22: *l.c.,* 390.

ÍNDICE

Introdução 2

CAPÍTULO I

JESUS CRISTO, ÚNICO SALVADOR

"Ninguém vai ao Pai, senão por mim" 12
A fé em Cristo é uma proposta
à liberdade do homem 16
A Igreja, sinal e instrumento de salvação 18
A salvação é oferecida a todos os homens 19
"Não podemos calar-nos" 21

CAPÍTULO II

O REINO DE DEUS

Cristo torna presente o Reino 26
Características e exigências do Reino 28
Em Cristo Ressuscitado,
o Reino cumpre-se e é proclamado 30
O Reino, em relação a Cristo e à Igreja 31
A Igreja ao serviço do Reino 34

CAPÍTULO III

O ESPÍRITO SANTO,
PROTAGONISTA DA MISSÃO

O envio "até aos confins da Terra" 38

O Espírito guia a missão 40

O Espírito torna missionária toda a Igreja 43

O Espírito está presente e operante
em todo o tempo e lugar 45

A atividade missionária está ainda no início 48

CAPÍTULO IV

OS IMENSOS HORIZONTES
DA MISSÃO *AD GENTES*

Um quadro religioso complexo e em mutação 52

A missão *ad gentes* conserva o seu valor 54

A todos os povos, apesar das dificuldades 56

Âmbitos da missão *ad gentes* 59

Fidelidade a Cristo e promoção
da liberdade do homem 66

Dirigir a atenção para o Sul e o Oriente 67

CAPÍTULO V

OS CAMINHOS DA MISSÃO

A primeira forma de evangelização
é o testemunho 69

O primeiro anúncio de Cristo Salvador 71

Conversão e batismo 74

Formação de Igrejas locais 78

As "comunidades eclesiais de base",
força de evangelização 82

Encarnar o Evangelho nas culturas dos povos 84

O diálogo com os irmãos de outras religiões 88

Promover o desenvolvimento,
educando as consciências 93

A caridade: fonte e critério da missão 96

CAPÍTULO VI

OS RESPONSÁVEIS E OS AGENTES
DA PASTORAL MISSIONÁRIA

Os primeiros responsáveis
da atividade missionária 101

Missionários e Institutos *ad gentes* 104

Sacerdotes diocesanos para a missão universal 107

A fecundidade missionária da consagração 109

Todos os leigos são missionários,
em razão do batismo 111

A obra dos catequistas
e a variedade dos ministérios 114

A Congregação para a Evangelização
dos Povos e outras estruturas
da atividade missionária.. 116

CAPÍTULO VII

A COOPERAÇÃO NA ATIVIDADE MISSIONÁRIA

Oração e sacrifício pelos missionários 122

"Eis-me, Senhor, estou pronto! Enviai-me!" 123

"Há mais alegria em dar do que em receber" 125

Novas formas de cooperação missionária 126

Animação e formação missionária
do Povo de Deus 128

A responsabilidade primária
das Obras Missionárias Pontifícias........................... 129

Não só dar à missão, mas também receber 131

Deus prepara uma nova primavera
do Evangelho 133

CAPÍTULO VIII

A ESPIRITUALIDADE MISSIONÁRIA

Deixar-se conduzir pelo Espírito 135

Viver o mistério de "Cristo enviado" 136

Amar a Igreja e os homens
como Jesus os amou 137

O verdadeiro missionário é o santo 139

Conclusão 143